YVES GUYOT

LES

Principes de 89

ET

le Socialisme

PARIS

LIBRAIRIE CH. DELAGRAVE

15, RUE SOUFFLOT, 15

(1894)

PRÉFACE

I

L'invasion socialiste.

Les élections législatives de 1893, les grèves qui ont suivi l'attentat du 9 décembre, ont démontré que ce n'étaient pas des dangers chimériques que j'avais dénoncés, dans ma lettre aux mineurs de Carmaux, dans mon discours du 8 mai et dans mon livre : *la Tyrannie socialiste*.

Non seulement en France où les socialistes qui avaient eu 90.000 voix en 1889, s'attribuent plus de 60 députés et ont recueilli plus de 500.000 voix, dont 226.000 à Paris, sans compter un chiffre égal de radicaux-socialistes qui se mettent à leur suite; mais en Angleterre, ce pays de l'individualisme, où, malgré l'opposition qu'ils avaient trouvée de la part

de radicaux comme Bradlaugh, ils sont parvenus
à envoyer, en 1892, onze membres du parti ouvrier, qui, devenus un groupe important dans une
majorité de 40 voix, ont forcé le gouvernement
à leur faire les plus dangereuses concessions au
point de vue de la limitation des heures de travail
et de l'assurance obligatoire contre les accidents;
en Autriche, spécialement en Bohême et en Silésie,
où ils agissent avec la puissance qui résulte d'une
forte organisation; en Belgique où ils apportent
leur force aux radicaux, mais avec la pensée de les
subordonner; en Suisse, où ils inscrivent en tête de
leur programme le Droit au travail; en Danemark
où, au mois de mars 1893, sept socialistes sont
entrés au conseil municipal de Copenhague; aux
Etats-Unis où le *People's Party*, soutenu par les *Sil
vermen*, les intéressés dans la hausse de l'argent,
compte 22 membres dans le congrès et pèsera de
son poids tantôt sur le parti démocrate, tantôt
sur le parti républicain, partout nous constatons
cette poussée. Nous devons appliquer à ce mouvement cette parole de M. Thiers : — Il ne faut
s'épouvanter de rien : mais il faut prendre tout
au sérieux.

II

Le programme socialiste.

Le programme des socialistes français se résume ainsi :

« Organisation du prolétariat sur le terrain de la lutte des classes, sans compromission aucune, en vue de la Révolution sociale (1).

« Conquête du pouvoir politique de la Classe ouvrière, constituée en parti distinct.

« Appropriation collective, le plus vite possible et par tous les moyens, du sol, du sous-sol, instruments de travail, cette période étant considérée comme phase transitoire vers le socialisme libertaire (2).

« L'expropriation avec une indemnité est donc une chimère autant, sinon plus, que le rachat. Et quelque regret qu'on puisse en éprouver, quelque pénible que paraisse aux natures pacifiques ce troisième et dernier moyen, nous n'avons plus devant nous que la reprise violente sur quelques-uns de ce qui appartient à tous, disons le mot : la Révolution (3).

Immédiatement, transformation, dans les communes, de tous les commerces, et spécialement ceux de l'alimentation, en services publics.

1. Neuvième congrès ouvrier de la Fédération du Centre.
2. Quatrième congrès national ouvrier tenu au Havre, 1880.
3. Jules Guesde. *Collectivisme et Révolution.*

a.

Reprise des mines et des chemins de fer par l'Etat, banque d'Etat, mainmise sur chaque personne par l'impôt personnel et confiscation graduelle de chaque fortune par l'impôt progressif et l'abolition de l'héritage.

Législation de privilège et d'oppression selon les qualités des citoyens; limitation des heures de travail, chômages obligatoires, fixation de minima de salaires, réglementation des ateliers par les associations ouvrières, etc.

Comme politique, « emploi de tous les moyens de lutta, résistance économique (grève), vote et force selon les cas (1).

« Même une grève vaincue a son utilité si, comme le recommande Lafargue avec tant de raison, au lieu de faire la grève pour la grève, on ne s'en sert que comme d'un moyen d'ébullitionner les masses ouvrières, d'arracher au capital son masque de phrases philanthropiques et libérales et de montrer aux yeux de tous sa face hideuse et sa meurtrière exploitation.

« On n'arrivera jamais à convaincre la bourgeoisie moderne qu'elle doit se prêter à la socialisation des capitaux. C'est la force qui décidera de cette question, en dernière analyse; la force, l'accoucheuse des sociétés nouvelles, dit Marx.

« Il ne s'agit donc pas d'être réformiste ou révolutionnaire : il faut être réformiste et révolutionnaire. Nous ne laisserons pas faiblir en nous l'esprit révolutionnaire (2). »

Voilà le programme des socialistes français, calqué sur les programmes des socialistes alle-

---

1. Manifeste des broussistes, les opportunistes du socialisme. Benoit Malon. *Le nouveau parti*, p. 101.

2. Benoit Malon. *Le nouveau parti*, p. 80.

mands, tel qu'il a été formulé par des congrès qui
ont constitué leur parti, par les possibilistes, et
par le Docteur du socialisme, M. Benoit Malon : il
aboutit à la suppression de la propriété individuelle
par la force. J'écris ces lignes, au lendemain de la
séance du 16 janvier, dans laquelle les socialistes
ont obtenu une majorité sous prétexte de dégrè-
vement de l'impôt foncier, en faisant violer le
principe de l'égalité des citoyens devant l'impôt ;
et M. Jaurès, au nom de ces singuliers défenseurs
des intérêts de la propriété, avait dit :

Nous ne distinguons pas entre les capitalistes terriens
et les autres. Pour nous, les propriétaires oisifs du sol ne
détiennent les rentes du sol qu'arbitrairement.

En même temps que M. Jaurès affirmait cette
expropriation de tous les propriétaires qui n'auraient pas pu prouver, en montrant les callosités
de leurs mains, qu'ils maniaient eux-mêmes,
la houe, la bêche ou la faucille, un autre socialiste
M. Avez, déclarait qu'il voudrait « brûler le grand
livre » ; et il caractérisait suffisamment les moyens
de persuasion qu'il emploierait à l'égard des récalcitrants, en s'écriant :

« Nous sommes fiers des actes de la Commune ; nous
sommes les continuateurs des membres de la Commune ! »

III

Le lendemain de la victoire socialiste.

Supposons que ces descendants des Pastoureaux du XIIIe siècle, des Jacques du XIVe, des Paysans du XVIe siècle, de certaines hordes de 93, des insurgés de juin, des Communards de 71, prennent le pouvoir, dépouillent ceux qui possèdent, quel sera le lendemain? Eux et leurs amis deviendraient-ils seulement propriétaires et capitalistes, s'ils changeaient les propriétaires et les capitalistes d'aujourd'hui en prolétaires? Ils peuvent amonceler les ruines, faire banqueroute, comme un roi du bon vieux temps ou comme un sultan; « flamber » les monuments et les hôtels, anéantir tous les titres de propriété, supprimer les bornages et détruire le travail des siècles; faire main basse sur les usines et les outillages : barbares de l'intérieur, ils peuvent passer sur la civilisation actuelle comme une horde de Mogols ; ils peuvent emporter tout l'édifice social dans leur torrent ; mais ce dont je les défie, c'est de féconder le sol qu'ils auront bouleversé. Entre les ruines qu'ils auront semées erreront de nouvelles et plus lamentables misères que celles qui peuvent encore exister dans nos civilisations. Ces agents de destruction ont raison d'arborer le drapeau noir. C'est un drapeau de deuil qui convient à ces fossoyeurs de la civilisation.

Du cataclysme qu'ils entrevoient dans leur cauchemar, ils ne pourraient même pas faire naître un droit permettant à un corps social de vivre, de se maintenir et de se développer.

IV

L'Endosmose socialiste.

Ce qui est grave, c'est qu'ils trouvent tous les jours des hommes que j'appellerais leurs auxiliaires, si un parti, qui conspire au grand jour la destruction sociale par la force, pouvait compter d'autres membres que des complices.

Par l'oubli de tous les principes de notre droit public, par la phraséologie qui en résulte, par une sorte de sentimentalité qui rappelle « la sensibilité » qu'invoquait Robespierre pour envoyer à la guillotine « les traîtres » qui ne le considéraient pas comme l'incarnation de « la vertu », c'est à qui fera leur jeu.

Le *Volkswart*, leur journal allemand, vient de publier un article intitulé *l'Endosmose* dans lequel il montre les idées socialistes s'infiltrant partout en Allemagne, dans les gouvernements, dans les églises. Il en triomphe. C'est son rôle.

En France, nous assistons au même phénomène. Depuis moins de six semaines, deux fois les socialistes ont été les maîtres de la Chambre.

Le lundi 4 décembre, la proposition d'amnistie déposée par M. Paschal Grousset vient en discussion et réunit 226 voix dont 215 républicaines ; elle n'est repoussée que par 257 voix, dont 205 républicaines seulement.

La Chambre des députés, les yeux dessillés par l'explosion de la bombe de Vaillant, après avoir voté la loi sur la presse, les lois sur les associations de malfaiteurs et sur les explosifs, au lendemain des vacances, semblait revenue un peu plus sérieuse qu'au moment où la majorité républicaine votait l'amnistie et où le gouvernement n'était sauvé que grâce à l'appoint de la droite. On devait croire que la majorité des républicains s'était reprise et laissait les socialistes et les radicaux socialistes isolés avec les 124 voix qui, le 13 décembre, avaient appuyé l'ordre du jour Basly. Pas du tout. Le 16 janvier,

les socialistes imaginent que puisqu'on réduit le
taux d'intérêt des rentiers, il faut s'empresser d'en
faire bénéficier les propriétaires. Ces bonnes âmes
veulent engraisser leurs condamnés à mort.

Ils réunissent 280 voix contre 240, une majorité
de 40 voix, formée de beaucoup de ces condamnés
à mort complaisants, et il a fallu toute l'énergie
de M. Casimir Périer, président du Conseil, pour
faire réparer par un vote sur l'ensemble ce vote
qui mettait en demeure, en vertu de la logique
parlementaire, le Président de la République d'appeler M. Jaurès pour former un cabinet avec
lequel il aurait commencé, en compagnie de
MM. Guesde, Goblet, Jourde, Baudin, à faire
passer de la théorie à la pratique la politique du
Quatrième Etat.

Le Sénat lui-même « s'est mis dans le train »,
avant que les purs socialistes l'aient envahi, en
adoptant la loi sur les sociétés coopératives.

La discussion, entre hommes sérieux dont
beaucoup sont des légistes, a révélé un oubli de
tous les principes sur lesquels repose notre législation.

Effrayé des conséquences que cette loi peut avoir,
M. Marcel Barthe avait déposé un amendement
ainsi conçu : « La loi reconnaît en faveur des ouvriers de l'industrie et du commerce, quatre espèces

de sociétés coopératives auxquelles elle accorde certaines immunités fiscales. »

Qu'est-ce à dire ? Voilà des « sociétés faites en faveur des ouvriers. » On aurait eu des brevets d'ouvriers. Nous revenons à la législation de castes.

Les partisans de la loi ont réclamé le privilège de l'exemption de l'impôt pour les sociétés coopératives, en se servant de qualifications comme celle-ci : « impôt sur la pauvreté. »

M. Tolain, qui est resté toujours socialiste, a dit : « C'est un privilège, je ne recule pas devant le mot. » Et M. Volland, en combattant la loi, a repris : « J'admets une loi de privilège pour les petits, pour les humbles », transportant ainsi dans le vocabulaire juridique le vocabulaire de la chaire, comme si, en droit, au nom du principe de l'égalité devant la loi, il y avait « des petits et des humbles. » Et M. Marty, ministre du commerce, lui, soutenant la loi, l'a qualifiée « de loi de philanthropie, de loi de justice », comme si la philanthropie, qui est une attitude de sympathie pour certaines personnes, avait quelque corrélation avec « la justice » qui est un acte d'impartialité envers tous ; et comme si, accorder « par philanthropie » des « privilèges aux humbles et aux petits » ce n'était pas violer le principe de « la

justice », en vertu duquel tout privilège est une
spoliation !

Telle est la cacophonie d'idées à laquelle a donné
lieu, au Sénat, la discussion de la loi sur les
Sociétés coopératives ; et il l'a adoptée, « par philanthropie » en considération « des humbles et
des petits », quoiqu'en fait, on lui ait prouvé que
les sociétés coopératives pouvaient n'être que des
machines à vendre dans la main de grands négociants, usant déjà du prestige que donne ce titre
et devant se servir de la loi nouvelle pour écraser
de leur concurrence privilégiée « les petits et les
humbles » du commerce.

M. François Coppée parle à l'Académie française
de « l'heure des concessions », tout en conseillant de
ne pas « céder aux menaces d'en bas », et demande
qu'on ne crie pas « à l'impossible devant certaines
réformes qui paraissent exorbitantes », et il espère
qu'avec « leur cœur, » « les privilégiés de ce monde
régleront la question de la misère, car il n'y a
pas d'autre question sociale (1). »

A tout instant, par suite de sentimentalité, de
molle philanthropie, et d'oubli des principes, même
ceux qui croient y résister, se laissent aller à donner leur aval aux théories socialistes.

1. M. François Coppée. Rapport sur les prix de vertu, novembre 1893.

Dc ce que vous les faites vôtres, cessent-elles d'être socialistes ? La qualité des idées n'est pas modifiée par les intentions de ceux qui les soutiennent.

Au contraire, ceux qui caressent cette politique, au lieu d'en dénoncer le péril, servent à sa propagande, en lui donnant pour point d'appui leur autorité personnelle.

Dans les administrations, dans l'armée même, on trouve des gens qui, regardant la girouette, se mettent dès maintenant du côté de ce qu'ils considèrent comme le manche. Il y a eu des ministres et des préfets qui ont appuyé les socialistes dans les dernières élections.

Le 16 janvier, le commissaire du gouvernement près le conseil de préfecture de la Seine a soutenu la validation de l'élection des prud'hommes, nommés sous le patronage d'un Comité de vigilance, qui, en tête de son programme, mettait :

ART. 1er.— Tout candidat, comme conseiller prud'homme, déclare que le but qu'il poursuit est la suppression complète du patronat et du salariat; que pour arriver à ce résultat, il se déclare partisan de la lutte des classes.

L'homme qui prend cet engagement doit remplir l'office de juge; et le conseil de préfecture déclare solennellement qu'il présente des garanties d'impartialité suffisantes pour le remplir!

Depuis longtemps, j'ai protesté contre la complicité de braves gens timides, de bourgeois, de gens riches, de négociants, de capitalistes, avec les anarchistes et les socialistes révolutionnaires qu'ils commanditent, dont ils subventionnent les journaux, directement ou en annonces, dont ils payent les frais de propagande.

Les socialistes représentent le parti de la guerre sociale et de la confiscation. Eux-mêmes le proclament. Tout accord, toute combinaison, toute complaisance avec eux constituent une trahison à l'égard du reste de la nation. Les républicains, dignes de ce nom, doivent les tenir à l'écart, comme ils tenaient les boulangistes.

V

La Politique de résistance.

— Mais ce que vous soutenez, c'est une « politique de résistance » disent quelques radicaux qui se suicident avec résolution au profit des socialistes. « Politique de résistance ! » crient, avec indignation, ces aimables socialistes qui, en même temps, reconnaissent qu'ils ne peuvent triompher que par la force !

Quelle autre politique voulez-vous donc qu'on ait à l'égard de gens qui se déclarent vos ennemis et annoncent bien haut qu'ils veulent conquérir vos dépouilles ? Voulez-vous une politique de condescendance? Voulez-vous une politique d'alliance avec ces ennemis? Soit : mais alors soyez logiques jusqu'au bout : millionnaires qui marchez avec eux — et il y en a — partagez! déposez vos fortunes, vos terres, vos rentes sur l'autel du collectivisme, de manière qu'on ne puisse pas supposer que, si vous hurlez avec les loups, c'est pour les jeter sur les voisins, avec le lâche espoir d'être épargnés et de profiter du butin commun.

VI

Rôle des économistes.

Quels sont les hommes qui peuvent lutter avec efficacité contre les socialistes, qui se mettent en avant? Ce sont les économistes. Or, les économistes ne sont pas populaires. Ils ont la faiblesse de représenter la science contre le préjugé et le charlatanisme, l'intérêt général contre des intérêts privés.

Cependant leurs adversaires ont l'habitude de les qualifier d'optimistes, de disciples de Pangloss, et affirment que nous trouvons que tout est pour le mieux dans le meilleur des mondes possibles.

J'ai déjà répondu que nous aurions un bien heureux caractère, si nous étions satisfaits de la manière dont on applique nos idées, et dont nous sommes traités par les protectionnistes d'un côté, par les socialistes de l'autre. (1)

Des égoïstes ! nous qualifie le philanthrope Henry Maret. Parce qu'un journal a raconté qu'une pauvre femme est morte de misère, il conclut que « toute propriété qui n'est pas le gain du travail est un vol » et il s'écrie : « Laissez faire l'exploiteur, ainsi le veut la liberté, ainsi le veut l'économie politique, ainsi le veut Gournay. »

Si M. Henry Maret se donnait la peine d'observer un peu l'histoire, il saurait que les prôneurs de charité, les fondateurs de prix de vertu, les rêveurs sentimentaux, les écrivains pathétiques, les orateurs larmoyants, les poètes pleureurs n'ont joué qu'un rôle insignifiant dans la lutte contre la misère, dans le développement du bien

1. Voir *la Science Economique*. Introduction.

être, dans le progrès de la richesse et sa diffusion ; il apprendrait que tous les utopistes, depuis Platon jusqu'à Cabet, n'ont servi qu'à amuser des naïfs et qu'à détourner les malheureux du travail utile et de l'épargne qui leur auraient donné ce qu'ils demandaient en vain à des chimères. Quant aux théoriciens et aux praticiens de guerre sociale, aussi bien ceux de 1848 que ceux de 1871, il ne doit pas ignorer qu'ils ont pris des ruines pour piédestal, et qu'ils n'ont laissé d'autres traces que des souvenirs d'épouvante.

Les gens qui se lamentent autour d'un moribond ne l'ont jamais guéri. Les gémissements des pleureuses espagnoles n'ont jamais ressuscité un de ces morts que Laborde met debout en lui tirant la langue. L'homme utile, au chevet d'un malade, c'est le médecin ou le chirurgien, dont le devoir est de paraître impassible, et qui cherche les moyens pratiques de guérir ou de soulager les souffrances, avec méthode, et non d'après ses fantaisies et les variations de ses sentiments. Aux hommes utiles et silencieux qui ont augmenté la production du blé et du bétail ; qui ont permis à tout le monde, dans les quelques pays, dits civilisés, qui se trouvent sur le globe, d'avoir du linge et des souliers ; qui ont facilité les transports, les transactions, appris la comptabilité, développé

le crédit, permis à tous de prendre des habitudes
d'épargne et de prévoyance ; qui ont abaissé les obstacles que les divers gouvernements avaient mis
entre les producteurs et les consommateurs ; qui
ont essayé d'introduire dans le monde ces droits
méconnus : la liberté du travail et de la circulation,
l'humanité réservera sa reconnaissance quand elle
aura une réelle conscience des conditions de ses
progrès ; et parmi ces destructeurs de la misère, elle
placera au premier rang, Gournay, ses amis les
physiocrates et les économistes qui, mettant leur
devoir au-dessus de la popularité, continuent de
déblayer la voie de tous les obstacles qu'y amon-
cèlent à l'envi les ignorants et les marchands
d'orviétan social.

VII

Notre devoir.

Nous avons un devoir à remplir. Nous ne devons
pas nous laisser intimider par les injures, les ca-
lomnies, les menaces, le tapage et les cris de victoire
que poussent les socialistes. Non seulement nous
devons défendre contre eux les principes de liberté

et de justice qu'ils veulent détruire, mais nous devons les attaquer ; opposer propagande à propagande, défendre la liberté, la propriété, la légalité, la paix sociale, la patrie contre la tyrannie socialiste, contre le collectivisme, contre la guerre sociale, et contre l'internationalisme révolutionnaire ; et de même qu'ils ont fait *l'Union socialiste*, nous devons faire *l'Union individualiste*, sans réserves ni équivoques politiques, avec la volonté et l'ambition d'aider à l'évolution pacifique de la République, en harmonie avec les Principes de 89.

On aura beau les dédaigner et les repousser, ils sont solides. Ce sont les assises sur lesquelles repose le droit public moderne. Nous devons prendre garde qu'on ne les escamote ou qu'on ne les tourne. En leur nom, nous devons nous dresser contre tous ceux, qu'ils viennent de droite ou de gauche, du passé ou de l'étranger, qui veulent les fausser ou les saper.

Yves Guyot.

17 janvier 1894.

LIVRE PREMIER

PRÉJUGÉS ET PRINCIPES

CHAPITRE PREMIER

Les préjugés.

Pas de principes. — Le sentiment. — Les circonstances. — Définition du préjugé. — Préjugés héréditaires. — Préjugés d'éducation. — Préjugés d'autorité. — Interversion de préjugés. —
L'intellect du biberon. — Galilée et l'opinion publique. — Le
besoin de fixité. — Nécessité de remplacer *les préjugés par
des principes*.

Je vois d'ici les sourcils relevés, le pli dédaigneux
de la lèvre, les yeux effarés et le haussement d'épaules
de plus d'un homme politique en lisant ce mot : —
Principes !.

Et je l'entends s'écrier :

— Des principes? en politique, en économie politique, il n'y en a pas !.

— Bien ! Et alors en vertu de quelles considérations
vous décidez-vous? quels sont les mobiles de vos
actions?

1

— Mon sentiment !

— Mais qu'est-ce qu'un sentiment? une aspiration vague, un embryon d'idée restée dans les limbes.

— Les circonstances !

— Mais quand elles se présentent, pourquoi prenez-vous à leur égard plutôt tel parti que tel autre? pourquoi votez-vous blanc ou bleu? Si vous déclarez que vous n'agissez pas en vertu de principes, vous avouez que vous agissez en vertu *d'idées acceptées sans examen*; mais que sont des idées de ce genre? sinon *des préjugés* et vous reconnaissez qu'ils vous gouvernent ainsi que la très grande majorité des hommes.

Le contraire serait étonnant, alors qu'ils s'imposent à nous, avec la double force de l'hérédité et de l'éducation.

Tout homme a reçu de ses aïeux des aptitudes, des habitudes, des actions réflexes emmagasinées par les siècles, ce qu'on appelle l'instinct chez les animaux : et le plus souvent l'éducation a fortifié ces acquisitions ancestrales.

La plupart des gens ont une opinion parce qu'ils l'ont reçue de leur père et de leur mère, à moins que ce ne soit de leur nourrice et de leur bonne; de leur professeur ou du prêtre qui les a préparés à la première communion; et ils ne peuvent la soutenir qu'en l'affirmant. De là, leur intolérance dans la discussion. Ils n'examinent pas. Ils se défendent.

Pères, mères, professeurs, prêtres ont dit au jeune homme : — Voici ce que tu dois croire ou ne pas croire d'après l'autorité d'Aristote, de Platon ou de Cicéron, de saint Paul ou de saint Augustin, et ils invoquent même celle des représentants de l'esprit de doute et de libre examen comme Montaigne, Descartes, Voltaire ou Diderot, sans s'apercevoir de la contradiction qu'ils commettent.

Les Anglais, si personnels qu'ils soient, ingurgitent à haute dose aux jeunes gens de leurs universités la *Bible* et leur ordonnent, hommes du XIX⁵ siècle, mécaniciens, chimistes, biologistes, négociants, navigateurs, industriels, de conformer leur intellect à celui des pâtres qui erraient, il y a trois mille ans, sur les bords du Jourdain.

Le jeune homme peut bien quelquefois se prétendre et se croire prêt à toutes les innovations. En fait, il est rarement affranchi ; et s'il est porté, par tempérament, besoin d'action, à rompre avec les liens qui l'attachent plus directement à un certain passé, le plus souvent c'est pour les renouer à un autre passé. Tel qui a quitté la religion du Christ, a embrassé celle de Robespierre. Quelques-uns ont pris celle d'Auguste Comte. Il y en a, et en grand nombre, qui ont adoré et adorent encore Napoléon ; d'autres qui s'affirment anarchistes, ne parlent de Bakounine qu'en saluant ce nom comme les enfants de chœur saluent l'autel de l'église, et les vrais socialistes du jour génuflexent devant le nom de Karl Marx.

Tel qui passe pour hardi penseur, s'il se rappelle qu'en nourrice il avait telle idée, considère que c'est là une présomption pour qu'elle soit excellente. Il est tout fier de dire : J'ai toujours pensé comme cela !...

Il déclare, sans s'en douter, qu'il considère que tout développement intellectuel eût été mauvais pour lui, et il met son honneur à conserver un intellect attaché à son biberon.

N'allez pas émettre une idée nouvelle, car immédiatement on vous répondra : — Personne n'est de votre
avis ! tout le monde est du mien !

Quand Galilée déclarait que la terre tournait, il
était seul de son opinion, preuve que les gens qui se
trompent peuvent additionner leurs ignorances et
leurs erreurs sans en faire des vérités.

L'homme est entraîné à ce préjugé de l'opinion
commune par la loi du moindre effort. Il est sûr
d'être applaudi, d'arriver à tous les succès et, en la
choyant, d'être choyé, Les convenances de la pensée et
de l'intérêt s'accordent trop bien pour que, dans la
plupart des cas, toute velléité de résistance ne soit
pas promptement écartée. Seulement cette opinion
commune n'est pas toujours consciente d'elle-même ;
elle ne sait pas exactement où elle s'arrête ni où elle
va ; elle est susceptible de retours imprévus. L'homme
à préjugés solides vire avec elle. Où pourrait-il aller,
livré à sa décision personnelle ?

En un mot, la plupart des hommes ne peuvent
invoquer à l'appui de leurs opinions que les arguments suivants :

— Mon père l'a dit.
— Un tel l'a dit.
— Je l'ai toujours eue.
— Tout le monde est de mon avis.

Que représente cette aptitude aux préjugés ? — Le
besoin de fixité.

Paul aura beau déclarer qu'il ne veut rien décider
en raison d'idées préconçues», il en a, et sur toutes les
questions : ou s'il n'en a pas, il n'est qu'une girouette

tournant à tous les vents, un grain de poussière emporté dans tous les tourbillons.

Nous avons, d'une manière plus ou moins consciente, un certain nombre d'idées générales, auxquelles nous rapportons nos actes, nos opinions de détail, sur lesquelles nous faisons reposer tranquillement notre certitude, sans vérifier la solidité de la base sur laquelle nous, la faisons reposer.

Le préjugé est un principe faux.

CHAPITRE II

Les principes : définition.

L'homme qui a lu le *Larousse*. — La théorie de l'ignorance. — La méthode scientifique. — Le but de la science. — Lois scientifiques. — Définition du principe. — Tous nos actes basés sur des principes. — Lois de l'arithmétique, de la géométrie, de la physique, de la chimie. — Progrès scientifique : *dégager de nouvelles lois naturelles*. — Les astrologues et les alchimistes.

On m'a présenté un jour, dans une réunion populaire, avec admiration, un brave homme qui avait lu tout le *Larousse*. Je le félicitai de sa patience, et je n'osai pas lui dire qu'il aurait beaucoup mieux employé son temps à étudier quelques questions.

Ce brave homme et ses admirateurs représentaient le préjugé d'après lequel un savant est un homme qui s'est bourré la mémoire d'un tas de mots, de noms, de faits, de détails, et ils représentaient précisément la conception de l'ignorance.

Il faut bien dire que les méthodes suivies pendant longtemps dans notre enseignement public, ayant pour

sanction des examens dans lesquels on demandait,
par exemple, en géographie, les noms des cours d'eau
les plus insignifiants (1), ont contribué à entretenir
ce préjugé. J'ai entendu des députés mettre en doute
la compétence de directeurs de ministères parce
qu'ils ne s'étaient pas trouvés en mesure de leur
répondre sur une question de détail à l'improviste : et
il était impossible de leur faire saisir leur erreur.
Elle n'était pas extravagante ; car ce n'est que d'hier
que nous commençons à nous rendre compte des conditions de la méthode scientifique ; et la très grande
majorité des hommes, même vivant dans les pays où
ont vécu Léonard de Vinci, Galilée, Copernic, Bacon,
Newton, Descartes, Lavoisier, Claude Bernard, les
ignore encore.

Nous nous permettons donc de les rappeler en quelques pages.

Toute science a pour but de dégager et de formu-
ler certaines vérités générales qui sont la base des
vérités de détail : on les appelle des *lois scientifiques.*

Cette loi « devient *un principe*, dit Jean-Baptiste Say,
lorsqu'on l'invoque comme une preuve ou comme la
base d'un plan de conduite (2). »

— Et vous, mon cher législateur, qui faites si bon
marché des « principes », il n'y a pas un acte de votre
vie, si insignifiant qu'il soit, que vous n'essayiez de
conformer à un principe.

— Moi ?

1. Voir général Niox. *Résumé de géographie physique et histo-*
rique, Préface, p. VIII.
2. *Cours d'économie politique,* t. I, p. 24.

— Oui, vous ! Vous comptez tous les jours de votre vie, et vous admettez cette vérité nécessaire que $2 + 2 = 4$. Si, comme le dit Herbert Spencer, un sauvage ne peut additionner $7 + 5$ ou si un enfant se trompe dans cette addition, l'impuissance du premier, l'erreur du second n'empêcheront pas le total de ces deux chiffres d'être 12. Vous acceptez cette vérité générale. Vous ne contestez pas non plus que deux choses égales à une troisième sont égales. Si vous doutez que la ligne droite soit le chemin le plus court d'un point à un autre, vous n'êtes pas capable de tracer une route ou de mesurer un champ.

Si vous ne vous conformez pas au principe d'Archimède, d'après lequel tout corps plongé dans un liquide perd de son poids une partie égale au poids du liquide qu'il déplace, vos bateaux iront au fond de l'eau.

Le savant, ou pour me servir d'un terme moins prétentieux et plus exact, l'homme compétent est celui qui peut rapporter une question donnée, si complexe qu'en paraisse l'aspect, à un certain nombre de lois précises et certaines.

Le progrès intellectuel de l'humanité a consisté à dégager de nouvelles lois. Les anciens n'avaient pas remarqué ce phénomène si simple, qui s'appelle le niveau des liquides dans deux vases communiquants : et c'est pour cela qu'ils ne construisaient que des aqueducs et ignoraient les siphons.

La chimie n'a été fondée que le jour où elle a considéré comme irréductible ce principe : « Rien ne se crée, rien ne se perd.», principe d'autant plus difficile à dégager et à affirmer qu'il était en contradiction

avec toutes les cosmogonies religieuses. Elle a débar-
rassé l'esprit humain des rêveries et du charlatanisme
des alchimistes quand elle a constaté, par maintes
expériences, la démarcation entre les corps composés
et les corps simples, dont la nature et le poids se
maintiennent invariables.

CHAPITRE III

Les objectivistes et les subjectivistes.

Les objectivistes. — Les subjectivistes. — Bossuet, de Bonald, de Maistre. — J.-J. Rousseau. — Le général Cavaignac. — V. Cousin. — Discussions scolastiques. — *Toutes les sciences sont constituées sur des réalités objectives.* — *Les axiomes sont des lois scientifiques.* — L'unité intellectuelle de l'humanité. — *Unité de foi* et *uniformité de méthode.* — Les sciences expérimentales. — *La science générale devient toujours plus indépendante des connaissances spéciales.*

On peut diviser les hommes en deux catégories : les objectivistes et les subjectivistes.

Les objectivistes essaient de faire reposer leurs jugements et leurs conceptions sur *la coordination d'observations contrôlées.*

Les subjectivistes ont l'habitude d'accepter des opinions, des idées, des conceptions *a priori*, sans les avoir vérifiées ni contrôlées, de se payer de mots, de croire à la vertu des mots et de tirer de ces affirmations des déductions plus ou moins rigoureuses, mais forcément inexactes. M. Ritti a défini la folie, la *pré-*

dominance du subjectivisme sur l'objectivisme. Interrogez un aliéné ; il partira d'une conception *a priori,* sans réalité ; et pour la justifier, il entassera raisons sur raisons. Il vous dira, par exemple, qu'il a une horloge dans la poitrine, et de ce fait il tirera des déductions souvent fort logiques.

Une fois le principe du droit divin monarchique affirmé, Bossuet, de Maistre, de Bonald en tiraient aussi des conclusions fort logiques ; mais ils oubliaient de montrer le titre qui l'établissait.

Rousseau affirmait que « l'homme était né bon ». Une fois cette vérité admise, il prouvait que la société l'avait corrompu. Seulement il oubliait de montrer les preuves qui lui permettaient d'affirmer la bonté native de nos aïeux de l'âge de pierre et de nous dire ce que c'était qu'une société constituant une personnalité à part des hommes qui la composaient. Il ne nous montrait pas non plus ses titres au droit divin qu'il lui donnait. Quand il disait : « La volonté générale est toujours droite, » il émettait une affirmation en contradiction tellement flagrante avec les faits, qu'il éprouvait le besoin d'ajouter : « Mais le jugement qui la guide n'est pas toujours éclairé. »

Quand le général Cavaignac essayait de légitimer la République par des arguments comme celui-ci : « Il n'est pas possible que Dieu, qui savait ce qu'il faisait, ait laissé l'ordre politique dépourvu de tout principe, qu'il ait refusé, si je puis ainsi dire, l'émanation de sa pensée dans l'ordre des choses politiques, » il faisait aussi, lui, du subjectivisme.

Quand M. Cousin s'écriait : « Il est un certain nombre de vérités universelles et nécessaires qui

portant avec elles le caractère de l'évidence, ne se
démontrent pas et deviennent, au contraire, les principes de toute démonstration, par exemple : L'homme
doit faire ce qu'il croit juste (1) », il faisait du subjectivisme.

Il y a moins de vingt ans, j'ai assisté à des discussions entre républicains, si ardentes qu'elles allaient
jusqu'à l'excommunication, pour savoir si la République était au-dessus de la « Souveraineté
du peuple » ou si « la Souveraineté du peuple »
ne venait qu'après. Ils faisaient du subjectivisme
exactement comme les docteurs de l'Église et
les hérétiques discutant sur la nature de l'eucha-
ristie.

*Toutes les sciences sont constituées sur des réalités
objectives*, même celles dans lesquelles la méthode
déductive prédomine. Vous entendez tous les jours
des gens, incapables de justifier leur affirmation première, répondre à votre observation qu'il faudrait
d'abord la vérifier : « Les axiomes sont des vérités
évidentes par elles-mêmes et non démontrables. »
Cette petite phrase, placée en tête de la plupart des
traités de géométrie, a produit les ravages les plus
étendus dans l'intellect, même d'hommes instruits,
en leur permettant, par analogie, de considérer
comme inutile la démonstration de certaines asser-
tions *a priori*. Or, ils commettent une erreur. *Les
axiomes sont des lois scientifiques* vérifiables par
l'observation et l'expérience. On peut constater à tout
moment que la ligne droite est le plus court chemin

1. V. Cousin, liv. III, p. 51.

d'un point à un autre. Nous n'avons pas la même ressource pour le droit divin.

Les religions ont cherché à constituer l'unité intellectuelle de l'humanité, par l'affirmation de leurs dogmes, et la plupart ont essayé de la rendre obligatoire par la force. Elles entendaient par cette unité l'uniformité de foi. « L'hérétique, disait Bossuet avec horreur, est l'homme qui a une opinion. »

Maintenant, nous cherchons aussi à constituer l'unité intellectuelle de l'humanité, au moins de celle qui est la plus rapprochée de nous, de nos concitoyens et des peuples qui sont à peu près au même degré d'évolution ; mais ce n'est plus par *l'unité de foi,* mais par *l'uniformité de méthode.*

Les savants y sont déjà arrivés pour toutes les sciences où on peut avoir recours aux expériences directes et répétées. La seule question qui se pose au moment d'une découverte est de savoir si l'expérience s'est accomplie dans les conditions indiquées, si l'expérimentateur n'a pas mis une part de subjectivisme dans l'interprétation qu'il en fait.

De cette uniformité de méthode, il résulte que le développement des sciences se fait dans le sens d'une généralité plus grande et qu'Herbert Spencer a pu dire avec raison que « *la science générale devient toujours plus indépendante des connaissances spéciales* ».

En raison de la méthode, nous ne devons pas être effrayés de l'accumulation quotidienne des faits nouveaux. Toute la question est de les mettre en ordre.

CHAPITRE IV

Unité morale par uniformité de méthode.

La méthode objective et la sociologie. — Expériences. — Nécessité de la prudence. — Le seul moyen d'apaisement social. — Les astrologues et les alchimistes sociaux. — La puissance de l'Etat. — La mauvaise volonté des gouvernants. — Nécessité de la vérité. — Les vertus intellectuelles et les vertus morales. — Loi de Buckle. — Vertus morales stationnaires, vertus intellectuelles progressives. — Traité de Westphalie. — L'économie politique et la morale.— *Unité morale par uniformité de méthode.*

L'application de la méthode objective à la sociologie présente une grosse difficulté. Un physiologiste, comme Claude Bernard, peut sacrifier des lapins et des cobayes dans des expériences multiples, destinées à contrôler des hypothèses et à provoquer des séries d'observations faites toujours dans les mêmes conditions. Pasteur peut inoculer la rage à des chiens et faire vérifier à l'aide de témoins sacrifiés la qualité de ses bouillons de culture (1).

1. Voir la *Méthode expérimentale dans les sciences biologiques*, par J. V. Laborde. 1890.

En matière politique et sociale, on ne peut avoir recours qu'à des observations de faits déjà accomplis, dans un temps plus ou moins rapproché, et dont le plus souvent on connaît d'une manière imparfaite les origines, les causes et les répercussions. Toute expérience politique et sociale est un acte décisif et irrémédiable. La postérité pourra profiter de la leçon qui en résultera : le plus souvent, il est de telle nature que, s'apercevrait-on que l'acte accompli présente les plus grands inconvénients, fait courir les plus grands périls, il est impossible de revenir en deçà, de mettre les choses en l'état où elles se trouvaient auparavant. Les législateurs et les gouvernants devraient toujours se rappeler ces conséquences de leurs actes, et si je les indique, c'est pour leur conseiller, non pas la timidité, mais la prudence.

Si l'expérience présente, en matière sociologique, les difficultés que mon ami Léon Donnat avait essayé de résoudre en partie dans sa *Politique expérimentale* (1), est-ce donc une raison pour renoncer d'y introduire la méthode objective ?

Loin de là, je dis, au contraire, que c'est le seul moyen d'aboutir à ce qu'on appelle l'apaisement social.

Aujourd'hui, faute de reconnaître en sociologie un certain nombre de vérités élémentaires, les Cardan, les Nostradamus, les Mathieu Laensberg, politiques et sociaux, ont beau jeu pour halluciner des dupes dans la vision de leurs horoscopes. Les adeptes de l'hermétisme social rougissent l'horizon des

1. *La Politique expérimentale* : *Bibliothèque des sciences contemporaines.*

lueurs de leurs fourneaux, qu'ils réallument avec les tisons mal éteints des incendies de la Commune. Pourquoi donc les foules seraient-elles plus incrédules que les papes, les princes, les nobles, les gens riches et se croyant instruits qui, pendant tant de siècles, malgré des déceptions accumulées et constantes, ont été les dupes, aveugles jusqu'à la ruine, serviles jusqu'au crime, des alchimistes ? Ils ne se sont complus dans cette aberration que faute d'avoir une petite notion, toute petite, celle qu'il y a des corps doués de propriétés invariables.

Cet ouvrier, ce paysan, et même ce petit bourgeois écoutera l'alchimiste social, l'assurant que l'État peut faire de ' la richesse à son gré, le combler de munificences, lui assurer de larges gains, des rentes à la fin de ses jours, élever ses enfants, doter ses filles, lui donner des transports gratuits, lui faire vendre cher ses produits et acheter bon marché ses objets de consommation ; qu'il suffit pour obtenir toutes ces félicités et ces résultats contradictoires d'avoir foi en certains mots comme celui de socialisme, de répéter certaines maximes, comme des prières, d'exiger qu'elles soient écrites dans la loi ; et ce naïf finira par être convaincu que, si la terre ne se transforme pas du jour au lendemain en Eldorado, c'est la faute des gouvernants qui, par un satanique mauvais vouloir, empêchent la réalisation de ces miracles. Il écoutera, avec une passion avide, l'astrologue social dont l'horoscope lui annoncera un bouleversement dans lequel il deviendra le premier et les autres les derniers. C'est le paradis mis à la portée de sa main.

Essayez de prêcher la résignation à l'homme condamné à un travail pénible, rebutant, fatigant, dangereux, et dont la rémunération est loin de correspondre, non seulement à ses désirs qui sont illimités, mais même à ses besoins immédiats : pourquoi donc vous prêterait-il une oreille docile? Si vous lui proposez comme dérivatif le paradis à la fin de ses jours, il vous répondra que ce séjour merveilleux est trop loin pour que l'espérance d'y demeurer éternellement soit une compensation suffisante à son malaise présent ; et beaucoup ajouteront qu'il ne leur présente pas un caractère de certitude suffisant pour les engager à renoncer aux jouissances dans cette vie.

Non, ce ne sont point des phrases édulcorées, des considérations morales, des berquinades, des tableaux de la vie du brave ouvrier, laborieux, économe, sobre, bon père, bon époux, des récits de la morale en action qui peuvent détourner les foules des alchimistes sociaux.

Il n'y a qu'un moyen d'action qui soit digne des publicistes, des hommes d'État qui ont conscience de leur tâche : c'est de leur exposer la vérité, réelle, brutale, telle qu'elle est, sans fard, dépouillée d'oripeaux. C'est de faire pour tous la démonstration, nette et précise, des conditions des problèmes politiques, économiques et sociaux.

Les partisans de l'ancien régime vous disent souvent : La France était jadis unie dans la personne de son roi, dans sa foi monarchique et religieuse. Cette unité faisait sa force. Maintenant qu'elle a disparu, la France va à l'aventure et tombe dans l'anarchie. Comment reconstituerez-vous son unité morale?

Sans examiner le point de fait de savoir si cette

unité demandée par leslégistes du temps de Louis XI
et poursuivie par Richelieu et Louis XIV n'avait point
de nombreuses fissures, je reconnais qu'il est nécessaire pour un peuple d'avoir une *unité intellectuelle
et morale.* — Mais peut-elle se concilier avec l'esprit
d'examen et de libre discussion?— Oui, par l'*uniformité de méthode.*

« Toute connaissance exacte, dit Huxley, est de la
science et tout raisonnement juste est du raisonnement scientifique. » Nous devons donc déterminer le
caractère et les procédés de la méthode à laquelle la
science doit tous ses progrès, afin que nous prenions
l'habitude de les transporter dans la science sociale.

Aristote avait distingué les vertus en vertus intellectuelles et en vertus morales. Les premières ont
pour but la vérité, les secondes la vertu ; et les anciens philosophes faisaient de la connaissance du
bien, de la manière de se conduire, la souveraine
science, la philosophie. Buckle, s'inspirant de Condor-
cet, a posé la question de la manière suivante : Le progrès moral se rapporte à nos devoirs, le progrès intellectuel à notre connaissance. Consentir à faire son
devoir, voilà la partie morale ; savoir comment l'accomplir, voilà la partie intellectuelle. Le progrès est
le résultat de la double action de ces éléments du
progrès mental. Or, nous trouvons dans les vieux
livres de l'Inde, de la Chine, de la Judée, de la Grèce,
et même chez des peuples qui n'ont aucun livre, les
mêmes maximes : faire du bien à autrui, contenir sa
passion, honorer ses parents. Elles constituent avec
deux ou trois autres préceptes dans le même sens,
tout le stock des vérités morales amassé par l'huma-

nité. Elles sont stationnaires. Les vérités intellectuelles nées de l'esprit d'examen sont seules progressives. Les gens, qui en brûlaient d'autres au nom de
la religion, se croyaient vertueux. C'est le progrès
intellectuel qui a supprimé ces pratiques. Les diplo-
mates du traité de Westphalie (1648) n'étaient
ni personnellement ni intentionnellement vertueux;
mais en éliminant la question religieuse des guerres européennes ils ont fait un grand acte moral.
Actuellement aucun ministre n'oserait dire, comme
Lord Shaftesbury en 1672 : « Il est temps de faire la
guerre à la Hollande pour rétablir notre commerce ; »
comme lord Hardwicke, en 1743 : « Il faut ruiner le
commerce de la France pour nous ouvrir des débouchés sur le continent ! » La théorie des sentiments
moraux d'Adam Smith n'a pas eu grande action sur
la direction de l'humanité ; mais Buckle a pu dire
avec raison de son traité de la *Richesse des nations*
que « c'est probablement le livre le plus important
qu'on ait jamais écrit et qu'il a plus fait pour le
bonheur de l'homme » que tant d'agitations qui, le
plus souvent, ont manqué leur but. Quand les philosophes français et les physiocrates élaboraient dans
leurs cabinets respectifs les Principes de 89, ils faisaient
plus pour le développement de l'humanité que tous les
prédicateurs qui enjoignaient dans leurs chaires la
charité et l'humilité aux grands, l'obéissance et la résignation aux petits (1). Quand les employeurs et les travailleurs seront convaincus de la vérité des lois économiques, qu'ils les connaîtront, qu'ils sauront que les

1. Voir Yves Guyot, *la Morale*, 1883.

économistes ne peuvent pas plus « abroger la loi de
l'offre et de la demande » que les physiciens « la loi
de la pesanteur », que ce qu'il s'agit de faire, c'est d'en
chercher la meilleure application possible, les guerres
sociales auront disparu comme ont disparu aujour-
d'hui les guerres religieuses. Les vertus morales sont
aussi impuissantes à établir la paix sociale qu'elles
l'ont été pour empêcher des guerres commerciales.
On ne peut y parvenir que par la vertu intellectuelle ;
Et qu'est-ce ? *c'est la rigueur dans la méthode.*

Loin de flatter des préjugés sous prétexte de sentiments, d'essayer de palliatifs empiriques, il faut
apporter, dans l'étude de tous les phénomènes socio-
logiques la rigueur des procédés de la méthode objective.

CHAPITRE V

Les lois naturelles.

Caractère des lois naturelles. — *Une loi naturelle est un rapport constaté entre des phénomènes déterminés. — Elle devient une puissance mentale et une puissance matérielle.* — Ses preuves. — Netteté de ses conséquences. — Non *à cause de*, mais *conformément à...* — La loi de la chute des corps. — La loi de l'offre et de la demande. — Loi humaine. — *Une loi humaine est d'autant plus efficace que la sanction en est plus précise et plus immédiate.* — Principe établi.

Il est nécessaire, tout d'abord, de rappeler le véritable caractère d'une loi scientifique.

Les phénomènes de cet ensemble de matières et de forces que nous appelons la Nature, sont tous liés les uns aux autres d'une manière intime. Si nous les séparons, si nous les définissons, si nous les classons, c'est en vertu d'une action mentale, l'abstraction. Quand nous parlons donc d'une « loi naturelle », il ne faut pas s'imaginer qu'elle est de celles que Moïse a rapportées du Sinaï. Elle n'est gravée sur aucune table de pierre ; elle n'a été édictée par personne.

Un exemple. On a pu mesurer, par différents procédés, les espaces parcourus par un corps qui tombe librement, et on en est arrivé à établir :

1° Que tous les corps, dans le vide, tombent avec une égale vitesse ; 2° que les espaces parcourus par un corps qui tombe dans le vide sont proportionnels aux carrés des temps employés à les parcourir; 3° que les vitesses acquises par un corps qui tombe dans le vide sont proportionnelles aux temps écoulés.

Quand une certaine cause est toujours suivie d'un certain effet, nous appelons cette constance de relations *loi naturelle.*

Une loi naturelle est un rapport constaté entre des phénomènes déterminés.

Cette loi, dit fort bien Littré (1), devient une puissance mentale, car elle se transforme en instrument de logique ; une puissance matérielle, car elle nous donne le moyen de diriger les forces naturelles.

Une telle loi n'admet aucune exception. Son exactitude se prouve par la netteté de ses conséquences. Huxley a remarqué avec juste raison que la loi naturelle, fixée par nous, n'est pas la cause des phénomènes ; mais elle indique les phénomènes qui se produiront, dans certaines circonstances, d'une manière implacable. Si vous jetez une pierre par la fenêtre, vous la voyez tomber immédiatement. Ce n'est pas à cause de la loi de la pesanteur qu'elle tombe, mais conformément à la loi de la pesanteur que l'homme a pu préciser; elle ne tombe pas avec les vitesses que nous venons de rappeler *à cause des*

---

1. *Auguste Comte*, p. 42.

lois des espaces et des vitesses, mais *conformément à* ces lois.

La loi de l'offre et de la demande n'est pas la cause de la baisse ou de la hausse du prix des marchandises. C'est une formule d'après laquelle on est certain que si, sur un marché, il y a plus de marchandises offertes que de marchandises demandées, leur prix baissera, et que, si le contraire se produit, leur prix haussera.

La loi élaborée par le législateur a le même caractère. Il fixe certains rapports et détermine certains effets qui résulteront de l'observation ou de la non-observation de la loi.

Telle ou telle loi vous oblige à payer tel impôt. C'est une obligation dont vous vous déchargeriez volontiers sur votre voisin, avouez-le entre nous, si bon citoyen que vous puissiez être. Cependant vous payez ; pourquoi ? Non pas à cause de la loi, mais à cause des effets qu'elle comporte.

Vous savez que la loi a des sanctions qui la rendent obligatoire et que, si vous ne vous y conformiez pas volontairement, vous y seriez contraint. Par accoutumance, vous accomplissez aisément ce devoir, de même que lorsque du cinquième étage vous voulez descendre dans la rue, vous consentez sans hésitation aux détours de l'escalier au lieu de prendre la verticale.

Une loi humaine est d'autant plus efficace que la sanction est plus précise et plus immédiate.

En constatant le caractère et l'efficacité des lois naturelles, nous en arrivons déjà à déterminer, dans une formule, un des caractères des lois positives. Nous venons d'établir un principe

CHAPITRE VI

Des faits et des chiffres.

Les faits et les chiffres ne sont que des rapports. — Les superstitions. — Corrélation entre les faits.— *Post hoc, ergo propter
hoc.* — Les *a priori* français et anglais. — Les enquêtes. — Qui
fait l'enquête? — Les enquêtes sur les tarifs de douanes. —
Contradictions morales. — Les déposants. — Les intérêts particuliers et l'intérêt général. — L'enquête sur la crise économique de 1884. — L'enquête sur la grève d'Anzin. — Compétence de l'Etat. — Dangers de ces enquêtes. — Nécessité des
principes.

J'entends le théoricien de l'empirisme me dire :

— Moi aussi, je suis un objectiviste ; mais j'ai peur
de vos lois dites scientifiques quand elles s'appliquent
aux phénomènes sociaux. Je ne veux que des faits et
des chiffres.

— Mais qu'est-ce qu'un fait? est-ce qu'un fait est
isolé ? un fait n'est qu'une résultante et une cause.
Quelles en sont les causes, les ramifications, les conséquences? et les chiffres ? vous les étalez sur un
tableau noir : ils ne signifient rien par eux-
mêmes. Ce sont les relations des faits et des chiffres

qui ont de l'importance ; et ils ne prouvent que si vous établissez les liaisons qui peuvent exister entre eux.

Les superstitions reposent sur des faits dépourvus de rapport. Si vous vous embarquez un vendredi au Havre et rencontrez une tempête qui traverse l'Atlantique ; si vous trouvez un corbeau le matin et faites un mauvais marché dans la journée, vous voudrez, en vain, établir une corrélation entre ces faits, vous ne pourrez la justifier. Ce ne sont pas seulement les intelligences primitives qui ont une tendance à essayer de coordonner des actes sans lien entre eux. A tout instant, les médecins commettent l'erreur bien connue, qualifiée par ces mots : *Post hoc, ergo propter hoc*, « après, donc parce que ». Dans les polémiques de la presse et du Parlement, au sujet de telle ou telle mesure politique, de telle ou telle loi, chacun cherche à établir, selon son opinion et son parti, une relation de cause à effet qui n'existe souvent qu'à l'état subjectif.

On a dit qu'en science sociale les Anglais partaient d'un *a priori* et ensuite accumulaient les faits pour le confirmer, tandis que les Français et les Latins se contentent d'un *a priori* tout seul.

Je considère qu'Howard a rendu un grand service quand, en 1773, pour la réforme des prisons, il essaya d'appliquer la méthode d'observation en provoquant des enquêtes (1). Le théoricien de l'empirisme en est volontiers partisan. Elles donnent, en effet, des faits et des chiffres. Est-ce à dire qu'elles soient infaillibles ?

1. *Journal of the statistical Society*, décembre 1875.

D'abord, qui fait l'enquête? Nous en avons vu
des enquêtes : l'*Enquête sur les Actes du gouvernement
de la Défense nationale*, l'*Enquête sur les marchés*, l'*Enquête sur les Faits administratifs de* 1888, l'*Enquête sur
le Panama*.

Les membres de ces commissions d'enquête
n'avaient-ils donc d'autre préoccupation que la re-
cherche de la vérité ? Aucun n'y attachait-il des
intérêts politiques dans un sens ou dans un autre ?
Avaient-ils tous fait abstraction de préoccupations de
parti et de haines personnelles ou politiques? N'y en
avait-il pas, au contraire, qui s'étaient fait mettre dans
ces commissions avec la passion et le désir d'y établir
des guillotines morales et de s'élever au pouvoir sur
les cadavres de leurs victimes ? Ce n'étaient pas des
juges, c'étaient des adversaires des uns ou des autres.
M. Delahaye a dénoncé 170 ou 104 — les chiffres ont
varié — députés, comme ayant été corrompus par la
Compagnie de Panama. Les ministres, sans faire une
réserve, les députés qui étaient injuriés, le président,
qui était dans les suspects, laissent se produire ces
outrages et ces accusations ! La Chambre a obéi servi-
lement à ces injonctions, et a nommé une commission
d'enquête moins pour les contrôler que pour les cor-
roborer. Elle ne réfléchit même pas que si l'accusation
était vraie, elle devait se récuser ; car c'étaient les parlementaires qui étaient sur la sellette, et ils ne devaient
pas à la fois être juges et partie. Elle ne connaissait
pas les noms des accusés. Elle pouvait donc nommer
parmi les enquêteurs des gens exposés à être
enquêtés eux-mêmes: et le fait s'est produit.

Qu'ont prouvé toutes ces enquêtes? Qu'ont prouvé

l'enquête de 1888 et l'enquête de 1892? Elles ont développé la passion calomniatrice, introduit dans le Parlement des mœurs de délation, fait germer et éclore des
ferments de haine et excité dans le public des curio-
sités malsaines et dépravées, en lui faisant croire que
la politique, pour les uns, était l'art d'exploiter le pays
au profit d'intérêts privés et, pour les autres, le
devoir de dénoncer ces corruptions.

En même temps qu'on érige en maxime de morale
farouche, que jamais celui qui a reçu un mandat élec-
tif ne doit le faire servir à ses intérêts privés, si on
nomme une commission d'enquête sur les tarifs de
douanes, des candidats demandent à en être membres
en disant : « Nommez-moi! car je suis propriétaire,
et par conséquent, compétent pour défendre les intérêts de l'agriculture. » — « Nommez-moi! car je suis
métallurgiste, et par conséquent, je saurai défendre
les intérêts de la métallurgie. » — « Nommez-moi, car
je suis filateur de coton, et par conséquent compétent
pour défendre les intérêts de la filature... Nommez-
moi, afin que je puisse défendre mes intérêts privés
contre l'intérêt général. » Cette qualité, hautement
invoquée, qui devrait être un motif d'exclusion,
devient un motif d'élection; et la commission nomme
pour chaque genre de production, comme rapporteur, le personnage le plus intéressé à sa protection. Cette commission fait une enquête et entend les
dépositions; mais qui entend-elle? Des producteurs,
des fabricants, des industriels, des propriétaires, des
agriculteurs, tous gens qui se croient intéressés, chacun de son côté, à supprimer la concurrence étran-
gère à l'aide de tarifs de douanes. Si un original

demande à être entendu comme simple consommateur, on lui répond que la commission n'a rien à faire
avec lui. Les consommateurs, étant tout le monde,
sont mis à la porte. Le fait s'est produit, en 1881, pour
M. Marc Maurel, de Bordeaux.

Des enquêtes faites dans ces conditions peuvent
fournir des renseignements de détail qui sont à contrôler. Mais elles sont surtout le tableau des prétentions de certains producteurs, et elles ne prouvent pas
qu'il faille leur sacrifier l'intérêt général du pays.

On a fait aussi des enquêtes sur les conditions du
travail, sur la crise économique. A propos de la
grève d'Anzin, en 1884, M. Clémenceau demanda une
enquête : proposition facile, qui n'engage à rien, qui
ne préjuge aucune solution, qui vous donne l'apparence de faire quelque chose. M. Clémenceau montrait
la notion qu'il a de la méthode, en disant : « Faites
une enquête ! deux jours suffiront ! »

Lui-même ne déposa son rapport qu'une fois la
grève terminée ; et elle avait duré cinquante-six jours.
Qu'y trouve-t-on ? des dépositions d'ouvriers et d'administrateurs des mines. Les ouvriers voudraient
gagner davantage et travailler moins ; les directeurs
des mines disent qu'ils ne peuvent pas donner plus.
Est-ce qu'une commission d'enquête est compétente
pour trancher ces différends ? Est-ce qu'elle peut dire
aux industriels : « Je vais fixer les salaires que
vous donnerez ! Si vous vous ruinez, tant pis ! je vous
l'ordonne. »

Des enquêtes de ce genre ont l'inconvénient de
donner à un certain nombre de personnes l'envie de
croire qu'un gouvernement a des pouvoirs qu'il ne

saurait avoir ; que le législateur peut intervenir à son gré dans les contrats privés : elles font plus pour la propagation des idées socialistes que les prédications de leurs plus farouches apôtres.

Nous citons ces exemples afin de démontrer la nécessité pour les hommes politiques, gouvernants et législateurs, de fixer certaines vérités générales qui les préserveront de pratiques trop souvent employées dans les investigations sociales ou politiques, quelque bonne foi qu'on y apporte.

CHAPITRE VII

Caractère de certitude des lois sociologiques.

Certitude de certaines lois économiques. — La règle d'Auguste Comte. — La complication des hypothèses. — Utilité des généralisations. — Kepler et Newton.

Le théoricien de l'empirisme continue ses objections en me disant :

— Vous montrez vous-même la difficulté d'appliquer la méthode objective aux phénomènes sociaux. Les lois qui ont été dégagées de leur observation ont-elles et pourront-elles jamais avoir le caractère de certitude des lois dégagées par les sciences mathématiques, physiques ou biologiques ?

A cette objection, deux réponses. D'abord, certaines lois sont vérifiables tous les jours, à chacun de nos actes, par chacun de nous ; la sanction est précise et immédiate. Il ne peut y avoir aucune incertitude à leur égard. De ce nombre sont des lois économiques dont je ne citerai qu'une en ce moment : la loi de l'offre et de la demande.

Quant aux autres qui n'ont pas encore acquis ce caractère de précision, nous devons essayer de les déterminer en suivant rigoureusement la règle d'Auguste Comte : — « *Construire l'hypothèse la plus simple que comporte l'ensemble des documents à notre disposition.* »

Tout à l'heure, j'ai parlé du fou qui s'imagine avoir une horloge dans le ventre. Questionnez-le. Poussez-le à bout. Il vous racontera comment il l'a eue. Vous lui faites une objection. Il y répond par une autre affirmation. Plus vous le pressez, plus il multiplie les hypothèses.

Ecoutez un club des légendaires madame Pipelet. Sur la plus petite observation, d'une suscription de lettre, d'un mot surpris, elles construiront des romans aussi enchevêtrés et invraisemblables que ceux de Ponson du Terrail. Rocambole répondait à leur intellect.

Les astrologues et les alchimistes multipliaient les hypothèses : ils le faisaient par penchant naturel, vice de méthode ; ils se complaisaient d'autant plus dans ces opérations compliquées qu'elles leur donnaient plus de prétextes pour excuser leurs avortements.

On peut dire que la politique paraît d'autant plus compliquée qu'on s'éloigne davantage des milieux où elle s'exerce dans toute son intensité. Quelquefois, j'ai été stupéfait en entendant quelqu'un, dépourvu de toutes sortes d'informations, me révéler les mystères de la politique intérieure et extérieure, raconter les plus secrètes pensées des empereurs, rois, ministres, avec tant d'assurance que j'aurais peut-être pu croire qu'il avait un don de divination, s'il ne s'était pas avisé de vouloir me révéler les miennes, avec des plans et des projets auxquels je n'avais jamais pensé.

Il est possible que quelques-uns des documents indispensables soient connus d'une manière incomplète ou insuffisante. Cependant nous ne devons pas craindre d'essayer d'en tirer les conséquences possibles. La généralisation que nous ferons ne servirait-elle que de point d'appui à la critique que nous aurions encore rendu un service. Les critiques des généralisations scientifiques antérieures ont été les instruments des progrès scientifiques. Et nous savons qu'une généralisation, ne représentant pas la vérité complète, mais en approchant, peut rendre de grands services.

Les trois lois de Kepler ne sont pas d'une rigueur absolue : et cependant c'est sur elles que repose toute l'astronomie planétaire.

L'accord du calcul de Newton avec les résultats de l'expérience n'eût pas été complet sur l'identité entre la force qui retient la lune dans son orbite et la gravité à la surface de la terre, s'il eût été obligé de tenir compte de diverses causes perturbatrices ; mais elles étaient alors inconnues et furent corrigées par des compensations fortuites de petites erreurs.

CHAPITRE VIII

Le danger des principes.

Nécessité de la vérité quand même. — L'escroquerie intellectuelle.
Les principes et leur application.

Le théoricien de l'empirisme s'écrie : — Mais les
principes que vous dégagez peuvent être dangereux!
C'est parce que les clergés ont cru la géologie, la
chimie, l'évolution biologique dangereuses, qu'ils les
ont combattues avec tant d'acharnement. Ils ont pu
retarder le progrès de ces sciences, paralyser certains
savants, dont le caractère n'était pas à la hauteur de
l'intelligence. Mais où sont leurs objections, aujour-
d'hui? Disparues, évanouies. Il ne leur en resterait
que l'humiliation, si elles n'étaient pas oubliées.

C'est une lâcheté inutile que d'ériger la dissimulation de la vérité en méthode par peur de ses conséquences. Cette escroquerie intellectuelle a l'inconvénient, non seulement de provoquer de terribles réac-
tions de la part de ceux qui en ont été victimes; mais

elle provoque chez beaucoup le droit de dire avec vrai-
semblance : « On ne nous dit pas la vérité ! » — et de
jeter ainsi l'esprit de méfiance parmi ceux qu'il faudrait éclairer.

Les chefs du socialisme représentent aujourd'hui
leurs adversaires comme des hommes attachés au
passé par leurs préjugés et leurs intérêts, des rétrogrades qui redoutent les innovations, alors que ce
sont eux, comme je l'ai prouvé dans la *Tyrannie socialiste*, qui sont des rétrogrades et des arriérés, imbus
de préjugés dont les racines plongent dans les profon-
deurs les plus lointaines des civilisations de l'âge de
la pierre, non seulement polie, mais brute.

Il faut leur opposer la vérité sans ambages, sans
détours. Les principes sont ce qu'ils sont. On aura
beau les nier, ils n'en existeront pas moins avec leurs
conséquences obligatoires. Il faut répéter avec J.-B.
Say :

« Ce n'est pas raisonner sagement que de s'élever
« contre les principes d'une science par le motif qu'il
« peut être dangereux de les appliquer à contre-
« temps (1). »

1. *Cours d'Econ. polit.* t. I, p. 77.

CHAPITRE IX

Les systèmes et la pratique.

Apologie du hasard. — Nécessité du système. — Qualité
du système.

Enfin, le théoricien de l'empirisme a un dernier
argument :

— Vous n'êtes pas un homme pratique, vous êtes
un homme à système.

Cette accusation est grave et fait de vous, dans la
plupart des milieux politiques, un homme suspect ; et
cependant elle tend à ériger en système que les meilleurs de nos gouvernants et de nos administrateurs
doivent être des imprévoyants qui agissent au petit
bonheur, sans plan, sans méthode, au hasard des
circonstances.

Si une maison de commerce était gérée de cette
manière, chacun n'hésiterait pas à en prédire la ruine.
On en arrive à cette contradiction que ce qui serait
absurde pour les affaires privées, ce qui est impossible en fait, est considéré comme sage, excellent,

recommandable pour les affaires publiques, et que la seule manière de les gérer correctement, ce serait de les livrer à l'aventure. De quelque manière qu'on juge leur œuvre, on est forcé de reconnaître que des hommes comme Richelieu et Colbert, qui ont laissé leur empreinte si fortement marquée sur la France, étaient des hommes à système, et qu'est-ce que l'histoire politique? sinon l'étude des divers systèmes qui ont dominé à diverses époques la direction de divers pays.

Un pilote prend des alignements, laisse de côté les zones dangereuses ; et une fois son parti arrêté, il s'y tient. Mais avant de le prendre, il a réfléchi : vaudrait-il mieux qu'il se laissât aller à tous les courants et, sous le coup de chacune de ses impressions successives, changeât de route ?

Tout homme qui ne se dirige pas d'après un système, c'est-à-dire un ensemble de conceptions liées entre elles et se prêtant un appui mutuel, est un imprévoyant qui doit être disqualifié. Il n'y a qu'une question : savoir si telles ou telles conceptions ont une base objective ou si elles ne sont que subjectives ; si elles sont réellement liées les unes aux autres ou en contradiction les unes avec les autres. La nécessité du système ne fait pas de doute ; ce qui importe, c'est la qualité du système.

LIVRE II

LES PRINCIPES DE 1789

CHAPITRE PREMIER

Erreurs des contempteurs.

I. — La France a célébré avec beaucoup d'éclat, de
pompe et de retentissement le Centenaire de 89. La
tour Eiffel s'est dressée comme un symbole de la puissance industrielle de notre époque, écrasant du haut
de ses trois cents mètres les cent quarante-deux mètres
de la pyramide de Chéops et les cent cinquante-
six mètres de la flèche de la cathédrale de Cologne.

Mais il a manqué au centenaire de 1789 la convic-

3

tion de la grandeur de la date que nous célébrions.
Le seul mot juste qui ait été dit à propos de l'ouvrage
de Taine sur la Révolution, l'a été par M. Brunetière,
dans la *Revue des Deux Mondes*, quand il a évoqué le
caractère religieux et catholique, dans le sens d'universel, de la Révolution. Elle n'a pas été seulement un
fait local, comme la révolution anglaise de 1688 ou
l'affranchissement des colonies anglaises de l'Amérique du Nord. Cet acte a rayonné sur le monde. Cette
date de 1789 est de celles qui marquent, dans la
route de l'humanité, un point de départ. C'est une
ère nouvelle.

Des publicistes, inspirés par M. Taine, ont profité
du Centenaire pour railler agréablement « les immortels principes ». M. Freppel a fait un livre de protes-
tation (1), dans lequel il prophétise « la réaction des
réalités contre les chimères et les fictions ». D'autres,
qui n'étaient même pas chrétiens, ont repris contre
« les immortels principes » les anathèmes fulminés par
de Bonald et de Maistre; d'autres ont répété que la
Révolution était le produit de « l'esprit classique », que
l'œuvre de l'Assemblée nationale était le résultat de
« la raison raisonnante »; qu'elle n'était qu'une abstraction métaphysique, et, au nom d'une prétendue
méthode historique, empruntée à l'Allemagne, se sont
mis à lancer toutes sortes de pierres « contre l'arche
sainte (2) ». D'autres, comme M. Charles Benoist (3),
ont réédité les critiques de Bentham. M. de Mun s'unis-
sait, en même temps, aux socialistes pour essayer de

1. La *Révolution française à propos du Centenaire de 89.*
2. Th. Ferneuil, *Les Principes de 1789.* Hachette, éd.
3. *Les Sophismes politiques.* Perrin, éd.

détruire, au point de vue de la liberté économique,
l'œuvre de la Révolution; et tous s'entendaient pour
célébrer «le bon vieux temps» des corporations, maîtrises et jurandes.

Pendant que nous allions à Versailles, le 5 mai 1889,
célébrer l'œuvre de nos pères, on essayait de la saper
dans l'opinion ; des gens qui se prétendent « avancés », s'efforçaient de faire une législation de privilèges et de castes, d'accord avec les descendants des
émigrés ; et cette œuvre continue.

Petits doctrinaires, réactionnaires de tempérament,
de passion et d'opinion, socialistes révolutionnaires
et germanisés, regardent de haut « les immortels
principes ». Ils les traitent de vieilles lunes qu'il est
temps de remiser avec celles de Villon. Si vous montrez quelque étonnement, on vous rit au nez et on
hausse les épaules.

— Vous n'êtes pas dans le train. Vous croyez à ces
antiques machines-là, vous? Et vous vous imaginez
être un libre penseur! Vous n'êtes qu'un métaphysi-
cien, produit de l'esprit classique. Taine l'a dit, et
nous le répétons.

II. — M. Ferneuil insiste dédaigneusement sur « la
stérilité des principes de 89 ». Il affirme « qu'ils
n'ont pas conquis le monde ».

Il oublie de nous montrer la nation dans laquelle il
n'y ait rien eu de changé depuis 1789, et qui n'en ait
ressenti le formidable contre-coup Les émigrés eux-
mêmes se chargeaient de les propager et, en 1795, Mallet
du Pan se plaignait amèrement « que tous ceux qui se
trouvaient à la Cour d'Autriche en fussent infectés.

Il oublie, ce partisan de la méthode historique, l'enthousiasme qu'ils excitèrent en Belgique, en Hollande; en Italie, dans l'Allemagne du Rhin, en Suisse, où nos armées furent accueillies comme des libératrices : et, si Napoléon put promener si aisément le drapeau tricolore dans toute l'Europe, c'est que ce drapeau les portait dans ses plis. Dans toute l'Allemagne, en Espagne, en Pologne, en Illyrie, en Dalmatie, même en Russie, partout les peuples en gardèrent si bien l'empreinte que les dynasties des Habsbourg, des Hohenzollern, des Romanoff furent obligées de s'en inspirer pour grouper leurs peuples autour d'elles. Non seulement la Charte de 1815 fut obligée de respecter les principes de 89, mais ce furent eux qu'évoquèrent dans leurs efforts de libération tous les peuples opprimés en Espagne, à Naples, en Piémont, en Grèce, en Belgique, ceux des États du Pape, des États secondaires de l'Allemagne, qui demandaient des constitutions, ceux de l'Amérique espagnole et portugaise, en proclamant leur indépendance ; et sont-ils donc complètement étrangers à l'affranchissement des serfs en Russie?

Si nous ne comprenons plus très bien aujourd'hui en France l'influence exercée par les Principes de 89, il y a un siècle, c'est qu'elle a été trop profonde. Nous ne pouvons plus nous représenter la situation sociale et politique de la France telle qu'elle était à la mort de Voltaire (1778) ou de Diderot (1784). Quand nous parlons de l'ancien régime à des ouvriers et à des paysans, ils le considèrent comme une histoire aussi ancienne que celle des Égyptiens ou des Babyloniens.

Si la célébration du Centenaire de 89 n'a pas provo-

qué plus d'enthousiasme intime, c'est qu'il manquait
d'actualité. L'œuvre de nos pères a été si complète
qu'elle a enseveli, même dans notre souvenir, les des-
tructions qu'elle a accomplies. Et alors, comme si la
Déclaration des Droits de l'homme n'avait pas reçu
d'application, des hommes étonnés, comme MM. Ferneuil et Charles Benoist, s'éveillent et disent : — Les
immortels principes? Qu'est-ce que c'est que ça?

III. — On oppose la révolution anglaise de 1688 à la
Révolution française. Est-ce qu'il y a la moindre
analogie entre une révolution se réclamant du « pacte
primitif conclu entre le roi et le peuple », se faisant au
cri : « Un parlement libre et la religion protestante ! »
et la Révolution française (1)?

On oppose la Déclaration des Droits des États-Unis
à celle de la France : est-ce que la situation était la
même? et cependant, il n'y a pas de différence dans la
conception des droits essentiels qui doivent être
assurés à l'homme des deux côtés de l'Atlantique.

Les amendements à la Constitution des États-Unis
du 17 septembre 1787 sont des garanties de droits :
liberté de la parole, de la presse, de religion et de
réunion ; liberté individuelle, sécurité de la propriété ;
et l'article IX ajoute : « L'énumération faite, dans
cette Constitution, de certains droits ne pourra être
interprétée de manière à exclure ou à affaiblir d'autres
droits consacrés par le peuple. »

Or, quels sont les principes dégagés par la *Déclaration des droits de l'homme?*

---

1. Voir Macaulay sur *Mirabeau*. — *Writings and Speeches*, p. 282.

Liberté, propriété, sûreté, égalité devant la loi ; —
accessibilité de tous à toutes les fonctions, selon les
capacités ; — garanties de la liberté individuelle ;
liberté des opinions, même religieuses ; liberté du
travail ; — l'impôt réel et proportionnel perçu exclusivement au profit de l'État sans privilège ; — consentement de l'impôt et contrôle des finances ; — contrôle de l'administration publique ; séparation des
pouvoirs.

IV. — Mais, à la suite de M. Taine, on prétend que la
Déclaration des Droits n'est qu'une conception abstraite ; et, ceci dit, on croit avoir tout dit.

Quant à moi, je le répète : je m'en tiens nettement
aux Principes de 89, tant qu'on ne m'aura pas montré
mieux.

Au point de vue de la méthode, je vais prouver
que, loin d'être des conceptions abstraites, ce sont
des conceptions concrètes, que loin d'être des produits
subjectifs, les Principes de 89 reposent sur des
réalités objectives. Si on peut reprocher au texte de la
Déclaration certaines formes métaphysiques, ces principes sont très positifs, très réalistes, et impliquent une
application très perceptible et très nette.

Les prétendus disciples de la méthode historique
qui les font jaillir de l'imagination de Rousseau, non
seulement commencent par confondre 93 avec 89,
mais ils négligent les énormes volumes qui con-
tiennent les Cahiers des États généraux. Ils n'oublient
que ce détail. Autrement s'ils s'étaient donné la peine
d'interroger cette enquête, ils en auraient compris
l'origine.

CHAPITRE II

Les faits et les principes.

I. L'absolutisme royal et la liberté politique. — Les Droits du Roi
et les Droits de l'Homme. — II. Désordres dans les finances. —
Nécessité du contrôle. — Inégalités de l'impôt. — Impôt réel et
proportionnel. — III. Extermination des hérétiques. — Liberté
religieuse. — Persécutions contre la pensée. — Liberté de penser. — Lettres de cachet. — Liberté individuelle. — IV. La noblesse, ses privilèges. — Droits féodaux. — Principes de légalité. — Le clergé. — Protestants et juifs. — L'égalité. —
V. Multiplicité des lois et des juridictions. — Égalité de tous
devant la loi. — La loi une pour tous.

I. — Loin de moi l'idée de refaire le tableau de la
France en 1789. Il a été fait et bien fait par beaucoup (1).
Mais puisque des publicistes, au nom de leur méthode
historique, oublient l'histoire afin de répéter que les
principes de 1789 ne sont que des éclosions métaphysiques, je crois utile de montrer, en quelques lignes,
leur raison d'être objective. Les abus, les injustices,

1. V. Paul Boiteau, *Tableau de la France en* 1789. — Rambaud,
Histoire de la civilisation en France, etc.

les barbaries dont ils sont la contre-partie étaient tels
que beaucoup de ceux qui en profitaient étaient obligés de les condamner. La Déclaration des Droits a
creusé le fossé entre l'ancien régime et le droit public
moderne.

La maxime des Césars de Rome et des empereurs de
Byzance : *Quidquid principi placuit legis habet vigorem,*
« le bon plaisir du prince, voilà la loi », fut traduite
sous Philippe le Bel, par les « Chevaliers de la loi »
en celle-ci, non moins expressive : « Si veut le roi, si
veut la loi. *Jus est id quod jussum est.* » Après les troubles de la Ligue, le Tiers-Etat, aux Etats de 1614, proclama la divinité de la monarchie, et Bossuet déclare
que « Dieu établit les rois comme ses ministres. Le
prince ne doit rendre compte à personne de ce qu'il
ordonne. »

Louis XIV affirme que « la volonté de celui qui a
donné les rois aux hommes est que quiconque est né
sujet obéisse sans discernement ». Cette affirmation
est renouvelée à maintes reprises dans des circonstances solennelles par ses successeurs. Louis XVI
répond aux observations du parlement, en 1787 :
« C'est légal parce que je le veux. »

D'après ce système, dans la nation, il y a un homme
et des sujets. Qu'a fait la Révolution ? Elle a opposé
aux Droits du Roi les Droits de l'Homme.

II. — Le roi avait assumé la complète responsabilité
du gouvernement et de l'administration du pays. Il
avait toute puissance, mais aussi toute responsabilité.
Ayant épuisé toutes ses ressources, il dut s'adresser
au pays pour en trouver. La Révolution est la ban-

queroute de la monarchie. Sa manière de gérer était
telle qu'elle avait inspiré de légitimes méfiances. Les
Necker et les Calonne étaient obligés d'avouer les
dilapidations, les abus qui provenaient du gouvernement. Le roi n'avait d'autre limite pour l'établissement des impôts que l'impossibilité de payer du contribuable. Le contrôle de leur emploi n'existait que par
les rivalités et les dénonciations de la cour. La plus
grande partie des impôts, loin de servir à l'intérêt
général du pays, était employée en donations, pensions,
cadeaux de toutes sortes, aux courtisans, aux favoris
ou favorites.

Les impôts, au lieu d'être perçus sur tous les contribuables, n'étaient perçus pour la plupart que sur
les roturiers : la taille était un impôt roturier auquel étaient soustraits les riches et les nobles. Si
les nobles étaient soumis à la capitation, la plupart
étaient parvenus à s'en faire exempter. Les aides, impôts indirects, auraient dû frapper également tous
les produits : elles n'atteignaient pas les vins du
seigneur.

Ne suffit-il pas de mentionner simplement cette situation pour comprendre les principes de la Déclaration des Droits de l'homme :

— Séparation des pouvoirs ; contrôle de l'administration publique ; consentement de l'impôt et contrôle
des finances ; impôt réel et proportionnel (1) perçu
exclusivement au profit de l'État, sans privilèges.

Ces principes n'ont point germé spontanément dans
la tête de métaphysiciens politiques : ils sont les pro-

1. Voir *Adresse au peuple français.*

3.

duits accumulés d'une expérience séculaire et désastreuse.

III. — L'hérésie, ou opinion différente de la religion dominante, était considérée comme le plus grand des crimes : le code pénal de tous les parlements commençait par l'hérésie, qu'on appelait crime de lèse-majesté divine au premier chef.

Non seulement Louis XIII et Louis XIV avaient fait à leur sacre le serment d'exterminer les hérétiques, mais Louis XVI le renouvela. Non seulement on gardait en 1789 le souvenir des dragonnades et de la révocation de l'édit de Nantes de 1684; mais pendant tout le XVIIIe siècle les persécutions avaient continué, des protestants avaient été envoyés aux galères, leurs enfants enlevés. En 1780, l'assemblée du clergé déclare que « l'autel et le trône seraient également en danger si l'hérésie venait à rompre ses fers ».

En opposant à ces pratiques la liberté de conscience, l'Assemblée Nationale avait-elle donc pour point de départ une conception métaphysique et se bornait-elle à l'énonciation d'un vague principe?

Si Voltaire est gentilhomme de la chambre, il n'a trouvé de sécurité qu'en dehors de la France; et Stendhal a eu raison de dire de lui : « L'homme le plus brave de son siècle. » Ce mot est juste quand on pense que c'était sur ses vieux jours (1772) qu'on mettait à la question ordinaire et extraordinaire, on étranglait et on brûlait à Abbeville le chevalier de la Barre, accusé de n'avoir pas salué une procession de capucins. On brûlait avec régularité les livres suspects et de malheureux colporteurs étaient condamnés aux

galères pour avoir essayé d'en vendre quelques-uns.
Mais la liberté de penser avait pénétré si profondément
dans les mœurs que ceux mêmes qui étaient chargés
de la réprimer se rendaient complices de ceux qui
la représentaient, comme Malesherbes qui mettait
chez lui, à l'abri des perquisitions, les ouvrages qu'il
devait saisir.

On sait que n'importe quel individu pouvait être
emprisonné indéfiniment par une lettre de cachet :
« Car personne, disait Malesherbes en 1770, n'est
assez grand pour être à l'abri de la haine d'un ministre, ni assez petit pour n'être pas digne de celle d'un
commis de la ferme. » On a calculé que sous Louis XV
plus de 150.000 lettres de cachet avaient été distri-
buées et vendues, sous Louis XVI plus de 14.000.

L'affirmation du principe de la liberté individuelle
est la destruction de ces odieuses pratiques.

IV. — Si les nobles avaient une infériorité, l'obligation
de ne se livrer à aucun travail agricole ou industriel,
sous peine de déchéance, ils avaient, non seulement
le privilège d'occuper exclusivement les emplois de la
cour et de recueillir les faveurs royales, mais encore
d'obtenir les grades dans l'armée et dans la marine,
les riches fonctions de l'Église et les hautes charges
de la judicature.

En 1789, sur une population d'environ 25 millions
d'habitants, on comptait à peu près 140.000 nobles,
possédant un cinquième du sol ; et non seulement ce
sol était exempt d'impôts, mais il était chargé de
droits féodaux et de corvées: tailles seigneuriales pour
les noces des seigneurs et pour les couches de leur

femmes; droit de fouage, contributions; droit de guet, contribution pour se dispenser de garder le château du seigneur ; droit de pulvérage pour la poussière que les troupeaux soulèvent sur les routes; banalités; droit de contraindre les vilains à venir au moulin, au four féodal; défense de planter des vignes hors certaines conditions ; droits féodaux perpétuels ou irrachetables, dîmes ecclésiastiques.

Les seigneurs possédaient le domaine public, la place du village, les routes, les rivières non navigables.

Au moment de la convocation des États Généraux, il y avait encore de véritables serfs mainmortables qui ne pouvaient disposer de leurs biens.

Les privilèges de la noblesse concernaient les personnes et les biens : tout d'abord, il était interdit aux roturiers d'acquérir des terres nobles ; puis ils rachetèrent cette prohibition, en payant pour ces biens s'ils s'en rendaient acquéreurs, tous les vingt ans, un droit de franc-fief.

Dans des provinces entières comme le Maine et l'Anjou, il n'y a pas de fiefs sans justice.

Parmi ces droits, les rentes sur les immeubles, les droits de mutation, les dîmes, terrages, champarts, rapportaient de sérieux profits : les autres étaient d'autant plus vexatoires et irritants qu'ils s'adressaient à des gens plus intelligents. C'était un maigre privilège pour le noble de pouvoir établir une girouette sur son château; c'était une humiliation pour le paysan ou le bourgeois de n'en avoir pas le droit.

En 1776, un arrêt du Parlement de Paris condamne

au feu le livre de Boncerf réclamant l'abolition des droits féodaux.

Le clergé était le plus grand propriétaire du royaume et percevait aussi des droits féodaux, un revenu d'environ 80 millions de dîmes sur les autres propriétaires, et avait sa justice ecclésiastique et sa justice féodale. Les curés et les vicaires qui desservaient les 36,156 cures n'avaient pas de part à ce qu'on appelait les biens du clergé, tout entiers concentrés dans les mains de 11 archevêques et 116 évêques, de grands vicaires et chanoines, de 715 abbayes de commande, de 703 prieurés, de 11 chapitres de chanoines nobles et 520 collèges ou petits chapitres. Ils n'avaient pour ressources que la dîme et le casuel, les gros profits allaient aux nobles qui entraient dans l'Église. Quand la Déclaration des droits de l'homme proclama l'égalité, les curés et les vicaires de campagne n'accueillirent pas ce mot avec dédain.

La proclamation du principe de l'égalité de droits de tous n'est-elle donc qu'une vaine formule ? L'affirmation que l'impôt ne doit être perçu que pour des services publics ne correspondait-elle à aucune nécessité ?

Pour les comédiens et les protestants à qui les droits de citoyens furent conférés le 24 décembre 1789 ; pour les juifs de Bordeaux et d'Avignon qui les obtinrent le 28 janvier 1790 ; pour les juifs d'Alsace et de Lorraine, le 28 septembre 1791, le mot *égalité* n'était pas considéré comme une illusion.

V. — La justice était *personnelle* ; les nobles étaient exempts des tribunaux de première instance ; l'Église avait ses tribunaux spéciaux ; les personnes privilé-

giées ressortissaient selon leurs qualités respectives
de la Chambre souveraine, des Bureaux ecclésiastiques
du Clergé, des officialités primatiales, archiépisco-
pales et diocésaines ; du tribunal du point d'honneur,
tenu par les maréchaux de France.

De plus les juridictions se multiplièrent selon la
nature des causes : la chambre des comptes, les cours
des aides, les bureaux des trésoriers de France, les
Élections, la Table de marbre des eaux et forêts, les
chambres du Domaine, les cours et tribunaux des
monnaies, des greniers à sel.

Les attributions du Parlement de Paris étaient mal
définies ainsi que celles des douze parlements locaux.
Ils n'étaient pas seulement des cours de justice, mais
ils se mêlaient aussi d'administration.

La noblesse avait envahi la plupart d'entre eux et
ils avaient pour jurisprudence de ne jamais donner
gain de cause à un roturier contre un noble.

Quand la Déclaration des droits de l'homme proclama
que la loi est une pour tous, elle posait un principe
qu'aujourd'hui nous devons rappeler plus que jamais.

Dans le droit musulman, toutes les terres appartenaient au calife. Dans la théorie de l'absolutisme
monarchique, il en était de même. Louis XIV dit dans
ses mémoires pour l'instruction du Dauphin, (t. V,
p. 121-122) :

« Tout ce qui se trouve dans l'étendue de nos États
nous appartient au même titre. Vous devez être per-
suadé que les rois ont la disposition pleine et entière
de tous les biens qui sont possédés aussi bien par les
gens d'Église que par les séculiers, pour en user
en tout temps comme de sages économes, c'est-à-

dire suivant le besoin général de leur État. »

De là, ces conséquences : droit de lever des impôts, selon le caprice royal, jusqu'à la confiscation ; expropriation sous prétexte de travaux, mais sans fixation d'indemnité, autre que le bon plaisir, et sans payement préalable ; et on sait que le roi n'avait qu'un respect médiocre pour les engagements et les contrats passés en son nom.

La proclamation du respect de la propriété, dans la Déclaration des droits de l'homme, n'était donc pas un mot vain et inutile (1).

---

1. Voir le texte de la *Déclaration des Droits de l'Homme* dans l'appendice.

CHAPITRE III

Les corporations, maîtrises et jurandes et la liberté du travail.

I. Faut-il revenir aux corporations ? — Monopole absolu de certains commerces. — Emiettement des monopoles. — Procès et rivalités. — L'équipement d'un cheval. — Les poulaillers et les rôtisseurs. — Ecrasement des corporations faibles. — Marchands et artisans. — Les six corporations de Paris. — II. Les maîtres. — Les apprentis. — Mauvais traitements. — Limitation du nombre des apprentis. — « Le valet ». — Limitation du nombre. — Obligations des « valets ». — L'accès à la maîtrise. — Le chef-d'œuvre. — Le monopole des maîtres. — III. Inégalités à l'intérieur des corporations. — IV. La royauté et les corporations. — Le trafic des maîtrises. — V. Les règlements de Colbert. — Les formules de fabrication. — Défense d'innover. — VI. L'inspection du travail. — VII. Les heures, les époques et les lieux autorisés. — VIII. Préambule de l'édit de Turgot. — La liberté du travail.

I. — La Révolution a abrogé dans la nuit du 4 août les corporations, maîtrises et jurandes et proclamé la liberté du travail.

La liberté du travail ! encore un mot abstrait ! Qu'est-ce que cela veut dire ? Pour résoudre les questions sociales, établir la paix sociale, le seul moyen n'est-il pas de reconstituer les corporations de l'ancien régime, avec leurs « bons maîtres », leurs « compagnons et leurs apprentis », qui « faisaient partie de la famille ? » Voilà le langage que tiennent les socialistes chrétiens, et les socialistes révolutionnaires ne sont pas loin de s'entendre avec eux.

Il est donc nécessaire de tracer un rapide tableau de cette organisation de l'industrie et du commerce avant la Révolution française.

Le commerce et l'industrie de Paris appartenaient à six corporations : les drapiers, les épiciers, les merciers, les pelletiers, les bonnetiers, les orfèvres. Ils avaient le droit exclusif de recevoir les princes et de porter le dais sur leur tête. Jamais, malgré leur puissance, les bouchers ni les boulangers ne furent admis à le partager. Ce ne fut qu'en 1585, après une longue lutte, que les marchands de vins purent obtenir ce privilège.

Nul ne peut s'établir boucher à Paris sans l'agrément de la corporation des bouchers ; et elle ne le donne jamais. Quand la famille d'un boucher de la grande boucherie de Paris s'éteint, son étal fait retour à la communauté. Entre les mains de dix-neuf familles en 1260, elle n'est plus la propriété que de quatre familles en 1529 qui, au commencement du XVIIe siècle, avaient encore la prétention d'être propriétaires de tous les étaux de Paris et d'avoir seules le droit d'en disposer.

Quand le duc Geoffroy accorde « à tous les cordonniers et savetiers de Rouen la ghilde de leur métier», il a bien soin de spécifier : « que nul n'exerce leur métier, si ce n'est avec leur autorisation ».

Mais ce n'est pas seulement tout un grand commerce ou une grande industrie qui devient le monopole d'une corporation. Les métiers et les commerces se spécialisent jusqu'à l'émiettement. De petites corporations se saisissent de telle et telle partie et se hérissent contre leurs voisines en prétendant que les autres veulent empiéter sur leur domaine.

Il fallait, pour le harnachement d'un cheval, le concours de six corporations : les chapuisiers faisaient le fond de la selle ; les bourreliers, les troussequins ; les peintres selliers, les ornements ; les blasonniers, les armoiries ; les lormiers, le mors, les gourmettes et les étriers ; enfin venaient les éperonniers. En 1299, les lormiers firent un procès aux bourreliers qui se permettaient de vendre et de réparer de vieux freins et de vieux éperons ; en 1304, nouveaux procès pour le même motif entre les lormiers et les selliers. Ces procès-là duraient un demi-siècle et recommençaient toujours.

La lutte fut surtout terrible entre les fripiers d'un côté, les chaussiers, les tailleurs, les drapiers de l'autre. Il s'agissait de résoudre cette grave question : A quel moment un vêtement devient-il vieux ? A Paris, les procédures judiciaires entre fripiers et tailleurs, en deux cent quarante-six ans, de 1530 à 1776, sont émaillées de plus de vingt mille arrêts !

Les drapiers, les foulons et les teinturiers soutiennent entre eux des procès aussi interminables.

Il y eut aussi, dans le XIVe siècle, un grand com-

bat entre les rôtisseurs et les poulaillers. Les poulaillers reconnaissaient aux rôtisseurs le droit de
rôtir un bœuf, mais leur déniaient le droit de
rôtir un poulet. Louis XII accorda cependant à ces
derniers le droit de rôtir toutes sortes de viandes, en
poil et plumes, habillées, lardées et rôties. Les poulaillers protestèrent devant le parlement contre cet abus
de pouvoir du roi : François Ier soutint la décision de
son prédécesseur. En 1578, le parlement jugea enfin la
cause. Il donna encore raison aux rôtisseurs. Mais les
poulaillers, qui ne se décourageaient pas, obtinrent en
1628 un arrêt qui interdisait aux rôtisseurs de faire
nopces et festins et de vendre, ailleurs que chez eux,
plus de trois plats de viande bouillie et trois plats de
fricassée.

Les corporations puissantes écrasaient les plus faibles. Ainsi les drapiers, plus forts que les tisserands
à façon et les foulons, contraignaient ceux-ci à accepter en payement de leur travail des marchandises de
toutes sortes, au lieu de deniers comptants. Deux ordonnances du prévôt de Paris, un arrêt du parlement
ne purent pas supprimer cet abus.

Les marchands, se considérant d'une caste supérieure, ne voulaient avoir rien de commun avec « les
artisans ». Les merciers se vantaient d'avoir détaché
de leur corps les tapissiers qu'ils considéraient
comme devant appartenir à cette dernière caté-
gorie.

II. — Il nous suffira de jeter un coup d'œil sur la situation des apprentis et des compagnons à l'égard du
maître pour constater si le retour vers le régime des

corporations est — je ne dis pas possible — mais à quelque raison d'être souhaitable.

Les maîtres formaient une caste à part. Ils étaient les véritables possesseurs de la corporation : pour eux, pour leur famille, tout était faveur ; toutes les difficultés qui se dressaient devant l'étranger, étaient aplanies pour leurs fils.

L'apprenti qui n'était point fils de maître, devait, pendant de longues années, non seulement travailler pour le maître, sans salaire, mais payer lui-même. Il devait encore payer vingt sous d'argent chez les boîtiers, quarante sous chez les faiseurs de boucliers de fer. L'année était évaluée en moyenne à vingt sous d'argent. Celui qui ne pouvait payer en argent devait s'acquitter en sacrifiant un nombre d'années égal au nombre de sous d'argent stipulés.

C'étaient les maîtres qui avaient fait les réglements et ils avaient poussé cette exploitation de l'apprenti aussi loin que possible. L'apprentissage durait quatre ans chez les cordiers, six ans chez les batteurs d'archal, sept ans chez les boîtiers, huit ans chez les fabricants de boucliers de fer, neuf ans chez les baudoyeurs, dix ans chez les cristalliers, douze ans chez les patenôtriers.

Et c'était là un minimum. Le règlement permettait d'augmenter la charge, jamais de la diminuer. « Plus argent et plus service peut le maître prendre, si faire se peut. »

Les maîtres ne manquaient point de déclarer que ces conditions étaient indispensables et qu'on ne pouvait bien faire un chapelet qu'au bout de douze ans, en payant quarante sous d'argent par an. En réalité il

n'y avait qu'une raison : l'intérêt du maître qui usait
de son apprenti comme d'une machine passive.

L'engagement de l'apprenti avait lieu devant
témoins et était irrévocable. Livré tout entier à son
maître, soumis à tous ses caprices et à toutes ses exigences, l'apprenti n'était pas admis à déposer contre lui
devant les prud'hommes. Si, accablé sous les coups,
écrasé de misère, il prenait la fuite, nul ne pouvait
lui donner asile. Il devait être ramené et livré à son
patron. C'était un serf. Comme d'un serf son patron
pouvait en tirer parti. Il y en avait qui trafiquaient
de leurs apprentis et les revendaient avec bénéfice.

Tous les règlements parlent des devoirs de l'apprenti : aucun, sauf celui de la corporation des drapiers, ne parle des obligations du maître.

Même à ces conditions, c'était une faveur que d'obtenir le droit d'être apprenti. Leur nombre est limité :
les crépiniers ne peuvent en prendre qu'un ; les tan-
neurs et les maîtres teinturiers, deux. Dans certaines
professions le maître ne pouvait prendre d'apprentis
pendant les trois premières années de son établissement.

Le fils de maître était, lui, ouvrier de naissance.

L'apprentissage terminé, l'ouvrier s'appelait « valet ». Cette expression montre bien sa position.

Le nombre des valets que peut employer un maître
est limité comme le nombre des apprentis. Le maître
fourbisseur ne peut en avoir plus d'un. Si le travail
presse, qu'un client ne s'avise pas, ne pouvant faire
exécuter sa commande par un maître, de s'adresser à
un valet : le valet doit refuser, dût-il mourir de faim,
car il empiéterait sur le privilège du maître.

Chez son patron, il est soumis aux mêmes obligations que du temps de son apprentissage. Il doit se
rendre chez lui à la pointe du jour, n'en quitter
qu'au soleil couchant. S'il est engagé pour un mois
ou pour un an, son patron aura beau être brutal et
acariâtre, il ne peut le quitter, il est rivé; l'engagement est irrésiliable.

Dans certaines corporations, il ne devait jamais
avoir l'ambition de dépasser cette situation; eût-il
épousé la propre fille de son maître, ce titre par
alliance ne lui donnait pas accès dans la corporation.
Même celles qui paraissaient plus ouvertes, étaient
fermées, en fait, surtout à partir du XIVe siècle.

Tout d'abord, le candidat à la maîtrise devait faire
un chef-d'œuvre, pièce inutile, mais coûteuse de
temps, d'argent, et présentant toutes les difficultés
imaginables. Il était enfermé dans une maison spéciale,
soumis à une étroite surveillance, livré à ses propres
ressources. A chaque phase de son travail, les jurés
venaient examiner sa manière de procéder.

La confection du chef-d'œuvre demandait souvent plusieurs mois, quelquefois huit mois. Après
l'avoir terminé à la satisfaction des plus difficiles, le
candidat devait payer une somme plus ou moins
forte, quelquefois s'élevant à plusieurs centaines
de livres, pour le brevet de maître, une autre somme
pour la confrérie, puis venaient des dons gratuits,
mais obligatoires, aux maîtres sous divers prétextes,
et enfin des dîners et des banquets dont le minimum,
fixé par les statuts, devait toujours être dépassé,
l'estomac des jurés étant aussi profond que leur
conscience ; et les maîtres gavés, gorgés, pou-

vaient encore arrêter à la porte de la corporation, par un simple *veto*, leur valet de la veille qu'ils ne tenaient point à voir leur égal.

Le compagnonnage fut la corporation des « valets », créée pour résister aux maîtres. On comprend l'importance que le secret avait pour ses membres. De là ses traditions, ses épreuves, ses pratiques, et son esprit de farouche exclusivisme.

Le fils du maître ne rencontrait point ces difficultés. Pour lui, la production du chef-d'œuvre n'était qu'une formalité, toujours facile, point onéreuse, ni comme temps, ni comme argent.

III. — L'esprit d'inégalité subsistait même dans la corporation. Tous les maîtres n'étaient point élevés à la même dignité. A Paris, les maîtres boulangers se divisaient en deux catégories : ceux qui tenaient du roi leur maîtrise, ceux qui l'obtenaient des seigneurs dont les terres étaient enclavées dans l'enceinte ; puis audessous, se trouvaient les fourriers ou conducteurs de fours banaux et les boulangers forains. Dans plusieurs corporations, les maîtres se divisaient en anciens, modernes et jeunes ; chaque grade n'était accessible qu'après un stage et l'acquittement de certains droits. Les maîtres des rubaniers de Paris se partageaient en dix catégories.

Chaque corporation était gouvernée par un Conseil appelé jurande, réunion de jurés choisis parmi les maîtres. C'étaient eux qui admettaient le chef-d'œuvre, défendaient la corporation, maintenaient les droits, les défendaient au dehors, les soutenaient au dedans, veillaient à l'observation des règlements, sur

veillaient ses membres. et comme le plus souvent,
quand le roi ne les nommait pas lui-même, ils se
nommaient eux-mêmes, ils absorbaient toute la corporation et ruinaient leurs concurrents.

IV. — Louis IX avait fait dresser par Étienne Boileau le livre des corporations pour étendre sur elles
le pouvoir royal. Louis XI, par son ordonnance
de 1467, créa des lettres de maîtrise en vertu des-
quelles le roi pouvait faire des maîtres pris en dehors
de la corporation. Ses successeurs, pour donner des
munificences qui ne leur coûtassent rien, gratifiaient
un prince ou une princesse de la faculté de créer des
maîtrises et de les vendre à leur profit : et par son
édit de 1559, François II dispense les acquéreurs de
l'obligation du chef-d'œuvre. En 1581, Henri III
organise en corps de métiers tous les artisans du
royaume, prélève un impôt sur le travail, et crée des
maîtrises au profit de sa sœur. Dans son préambule il
annonce qu'il a pour but de soustraire le compagnon
à la tyrannie des maîtres, en lui permettant d'obtenir plus facilement le degré de maîtrise. Au lieu d'être
un privilège de la corporation, il devint un privilège royal. Cet édit arracha le compagnon au despotisme du maître, mais pour le soumettre à la domination royale. Henri IV, par un édit de 1608, sous prétexte
de remédier aux abus qui étaient résultés de ce régime,
révoqua toutes les créations de maîtrises antérieures
à son avènement, fit fermer les boutiques et ouvroirs
de tous ceux qui en étaient pourvus. C'était une excellente spéculation. Les anciennes maîtrises étant dé-
truites, il fallait en créer de nouvelles : cette exploita-

tion fiscale dépossédait des gens qui avaient acheté
des maîtrises sur la foi du privilège royal; mais dans
ce bon temps, on n'y regardait pas de si près : le travail étant un droit régalien, que le roi pouvait vendre
à son gré, il était bien juste qu'il en tirât le meilleur
parti possible.

Le roi, pour faire à l'aise le commerce des maîtrises, les constitua en sorte de fiefs qu'il livra aux
officiers royaux. Ceux-ci les eurent à leur disposition,
les soumirent à leur juridiction et en tripotèrent tout
à l'aise.

Le grand chambrier eut juridiction dans tout le
royaume sur les drapiers, les merciers, les pelletiers,
les tailleurs, les fripiers, les tapissiers et sur tous les
autres marchands de meubles et d'habits; le valet de
chambre barbier, sur tous les barbiers de France ; le
grand pannetier, sur tous les boulangers; le bouteil-
ler, sur les marchands de vin; le premier maréchal
de l'écurie du roi, sur les maréchaux et autres gens
de forge sur fer.

V. — Les corporations avaient des règlements ayant
pour but d'uniformiser leur fabrication. L'esprit de
concurrence en empêchait la stricte observation. Colbert
résolut de les uniformiser pour toute la France, et de
leur donner la sanction royale. Il fit faire une enquête dans laquelle on ne tint pas compte des protestations des artisans « intéressés à vivre dans le dé-
sordre et le relâchement » ; en quelques années, il
édicta cent cinquante règlements et, en 1669, quatre
grandes ordonnances qui serrèrent l'industrie dans un
réseau d'où elle ne pouvait s'échapper. Toute initiative personnelle était sévèrement réprimée. Il donna

4

certains procédés qui devaient être employés à l'exclusion de tous autres : toute innovation constituait une contravention. L'ordonnance du mois d'août 1669 prescrit les longueur et largeur que doivent avoir les draps, serges rases, façons de Metz, de Châlons, de Reims, les camelots, bouracans, étamines, fracs, droguets, tiretaines. Elle accorde, pour son exécution, un délai de quatre mois, après lequel tous les anciens métiers seront brisés. Le nombre des fils à la chaîne, la longueur du peigne, la qualité de la laine sont déterminés.

Tous les draps devaient être visités ou marqués au retour du foulon, et confisqués, s'ils n'étaient pas conformes aux règlements.

Le 18 mars 1671, Colbert publie une instruction en trois cent dix-sept articles pour composer les couleurs. Les règlements concernant le tissage entrent dans les plus minutieux détails. Les laines doivent être visitées avant d'être mises en vente. Elles ne doivent pas être tenues dans un lieu humide, ni être mouillées, ni être mêlées de qualités différentes, sous peine de cent livres d'amende.

L'ordonnance du 16 octobre 1717 prescrit un poids de quatre onces pour les bas d'hommes, ni plus ni moins. Toutefois, elle permet de fabriquer des bas de moindre poids pour l'étranger. Elle accorde, en outre, à la ville de Lyon la permission de fabriquer des bas avec de la soie teinte ; mais elle maintient la prohibition pour les autres villes de fabrique. Un arrêt du 21 novembre 1720 autorise la fabrication de bas à deux fils pour l'Italie et autres pays du Midi. Une nouvelle ordonnance du 6 mai 1769 augmente le poids des bas : les bas de filoselle pour hommes pèseront cinq onces, pour femmes trois onces.

En 1676 paraît un règlement pour les fabriques de toile de Normandie, prescrivant la qualité du lin ou du chanvre, le nombre des fils pour les toiles blancardes et fleuret, la longueur et la largeur qu'elles doivent avoir, défendant de les blanchir et de les acheter sans qu'elles soient marquées. L'ordonnance de 1711 impose l'obligation de porter à cette fin, à la halle de Rouen, toutes les toiles de métier.

Cependant, jusqu'au 23 octobre 1699, la chapellerie avait échappé à ces règlements; alors, s'ils lui permettent l'emploi de la pure laine, du castor et de quelques autres poils ; ils prohibent formellement celui du poil de lièvre.

Des chapeliers s'étant avisés, pour rendre les chapeaux plus solides, de mêler le poil de vigogne au poil de castor, la corporation elle-même demanda un édit qui interdît cette innovation. Elle l'obtint, mais par cela même supprima notre exportation en Angleterre et en Allemagne.

A tout instant, nos fabricants s'apercevaient qu'ils ne pouvaient produire ce que leur demandait l'étranger. Alors, ils sollicitaient le gouvernement de vouloir bien apporter quelques modifications à ses règlements. Ainsi, en 1669, prescription d'une largeur spéciale pour les draps du Levant ; arrêt du conseil du 22 octobre 1697 la modifiant; autre arrêt du 20 novembre 1708 apportant de nouvelles modifications.

Une ordonnance de 1669 fixe à une aune la largeur des serges et ratines du Dauphiné. Les étrangers refusent de les prendre. Ce ne fut qu'en 1698 qu'on

permit aux fabricants de revenir à l'ancienne largeur. Pendant vingt-neuf ans, cette industrie avait
donc été condamnée à perdre ses débouchés au dehors.

Le 20 novembre 1743, un arrêt règle les largeurs
des draps de Sedan ; le 12 janvier 1744, un autre
prescrit de nouvelles largeurs.

Aujourd'hui le fabricant tissait une étoffe que le
lendemain un règlement lui défendait de vendre.

Au xviie siècle, des fabricants de Nantes et de Rennes
voulurent établir des manufactures d'étoffes de laine,
fil et coton ; ils avaient fait de nombreuses prépara-
tions qui leur garantissaient une bonne et solide couleur ; mais à peine leur établissement était-il fondé,
que la compagnie des sergiers leur contesta le droit
de fabriquer l'étoffe et la corporation des teinturiers
le droit de la teindre. L'arrêt, rendu en 1660, leur
donnait raison, vu que ce genre de fabrication n'était
pas compris dans les règlements antérieurs ; mais ils
avaient épuisé leurs ressources et durent abandonner
leur entreprise.

Les chefs des toiliers, des merciers, des fabricants de
soie, de Tours et de Rouen, parvinrent à arrêter complètement l'industrie de toiles peintes en criant bien
haut qu'elle ruinerait le royaume et réduirait
à la mendicité la population ouvrière ; que tout était
perdu si l'administration ne s'opposait à l'établissement de la nouvelle industrie.

Quand Argant eut inventé les lampes à double courant,
ferblantiers, serruriers, taillandiers, maréchaux gros-
siers, poussèrent d'immenses clameurs et soutinrent
que les statuts avaient réservé aux membres de leurs
corporations le droit exclusif de fabriquer des lampes.

Revillon ne put fabriquer en paix des papiers peints qu'après avoir obtenu le titre de manufacture royale qui lui conféra un monopole.

Lenoir ayant besoin d'un petit fourneau pour préparer des métaux, s'étant avisé d'en construire un, les syndics de la corporation des fondeurs vinrent eux-mêmes le démolir. Nouvelle tentative ; nouvelle exécution. Il ne fut tranquille que grâce à une autorisation du roi qui lui fut accordée, non sans peine, par exception extraordinaire.

VI. — Pour maintenir cette réglementation, sans cesse la maréchaussée, les inspecteurs tombaient dans les ateliers, bouleversant tout, s'appropriant les procédés secrets, les dévoilant, suspendant le travail, ruinant souvent le crédit par une fausse ou mauvaise interprétation de l'état des affaires ; « coupant, dit Roland, qui était un de ces inspecteurs, souvent quatre-vingts, quatre-vingt-dix, cent pièces d'étoffe, dans une seule matinée, en confisquant un nombre énorme, frappant en même temps le fabricant de lourdes amendes, brûlant les objets de contravention en place publique, les jours de marché, les attachant au carcan avec le nom du fabricant, et menaçant de l'y attacher lui-même en cas de récidive. Et pourquoi toutes ces sévérités, toutes ces inquisitions ? Uniquement pour une matière inégale, ou pour un tissage irrégulier ou pour le défaut de quelque fil en chaîne, ou pour celui de l'application d'un nom, quoique cela provînt d'inattention, ou pour une couleur de faux teint quoique donnée pour telle.

« J'ai vu faire, continue Roland, des descentes chez

4.

des fabricants avec une bande de satellites, bouleverser leurs ateliers, répandre l'effroi dans leur famille, couper des chaînes sur le métier, les enlever, les saisir, assigner, ajourner, faire subir des interrogatoires, confisquer, amendes, les sentences affichées, et tout ce qui s'ensuit : tourments, disgrâces, la honte, frais, discrédit. Et pourquoi ? Pour avoir fait des pannes en laine qu'on faisait en Angleterre, et que les Anglais vendaient partout, même en France ; et cela, parce que les règlements de France ne faisaient mention que de pannes en poil. »

Cela se passait à la fin du XVIIIe siècle. Un arrêt de 1784 prescrit que la longueur des mouchoirs fabriqués dans le royaume sera égale à la largeur.

VII. — L'homme est aussi réglementé que la chose. La religion s'en mêle. Nul ne peut être apprenti, s'il n'est catholique et né de légitime mariage. Il y a aussi des limites d'âge. Nul homme marié ne peut plus apprendre un métier. Il y a des limites de pays. Pour la fabrication de Lyon, l'apprenti devait être né à Lyon, dans le Forez, le Beaujolais, le Bourbonnais, la Bresse, le Bugey, l'Auvergne ou le Vivarais, non ailleurs.

L'époque du travail est déterminée. Défense à certaines fabriques de travailler en telle saison. Par ordonnance du 28 juin 1723, toutes manufactures de toiles à canevas et rayées, siamoises, fichus, steinkerques, à l'exception de celles de la ville de Rouen, cesseront chaque année toute fabrication, depuis le 1er juillet jusqu'au 15 septembre. L'ordonnance du 20 février 1717 défend de blanchir les toiles et linons avant le 15 mars et après le 10 octobre, sous peine d'une amende de 500 livres, portée par l'arrêt du 24 août de la même année à 1.500 livres.

Les statuts ne pouvaient laisser l'homme libre de travailler ou de se reposer à son heure et à ses jours. De l'interdiction du travail de nuit n'étaient exceptés que les menuisiers qui fabriquaient des cercueils. Les jours de fêtes et les dimanches, toute occupation était prohibée, sauf pour les pâtissiers.

VIII. — Dans le préambule de son édit de 1776, Turgot décrit ainsi les effets de cette organisation :

« Dans presque toutes les villes, l'exercice des différents arts et métiers est concentré dans les mains d'un petit nombre de maîtres, réunis en communauté, qui peuvent, seuls à l'exclusion de tous les autres citoyens, fabriquer ou vendre les objets du commerce particulier dont ils ont le privilège exclusif : en sorte que ceux de nos sujets qui, par goût ou par nécessité, se destinent à l'exercice des arts et métiers, ne peuvent y parvenir qu'en acquérant la maîtrise, à laquelle ils ne sont reçus qu'après des épreuves aussi longues et aussi nuisibles que superflues, et après avoir satisfait à des droits et à des exactions multipliés, par lesquels une partie des fonds dont ils auraient eu besoin pour monter leur commerce ou leur atelier, ou même pour subsister, se trouve consommée en pure perte.

« Ceux dont la fortune ne peut suffire à ces pertes sont réduits à n'avoir qu'une existence précaire sous l'empire des maîtres, à languir dans l'indigence ou à porter hors de leur pays une industrie qu'ils auraient pu rendre utile à l'Etat.

« Toutes les classes de citoyens sont privées du droit

de choisir les ouvriers qu'ils voudraient employer et des avantages que leur donnerait la concurrence par le bas prix et la perfection du travail. On ne peut souvent exécuter l'ouvrage le plus simple sans recourir à plusieurs ouvriers de communautés différentes, sans essuyer les lenteurs, les infidélités, les exactions que nécessitent les prétentions de ces différentes communautés et les caprices de leur régime arbitraire et intéressé. »

Turgot proclamait la liberté du travail dans ces termes :

« Dieu, en donnant à l'homme le besoin, en lui rendant nécessaire la ressource du travail, a fait du droit de travailler la propriété de tous, et la première, la plus sacrée, la plus imprescriptible de toutes. ».

Cette audace emporta Turgot qui dut abandonner le ministère, la même année ; et cependant plus d'un siècle et demi auparavant, le tiers état, dans les cahiers qu'il présenta aux États généraux de 1614, avait demandé que «toutes maîtrises de métiers érigées depuis les États tenus dans la ville de Blois, en 1576, fussent éteintes, sans que, par ci-après, elles pussent être remises, ni aucunes autres nouvelles établies : et fut l'exercice des dits métiers laissé libre aux pauvres sujets, sans visitation de leurs ouvrages et marchandises par experts et prud'hommes. »

Ce système de corporations, de maîtrises et de jurandes faisait si bien partie de l'échafaudage de féodalité et d'inégalité de l'ancien régime que ce fut dans la nuit du 4 août qu'il disparut. « C'est pour toujours, dit un adversaire de la Révolution, M. de Sybel, que l'Assemblée française a conquis dans la nuit

du 4 août la liberté du travail et l'égalité des droits. »
Cette proclamation de la liberté du travail n'était-elle
donc pas la conséquence d'expériences séculaires et
quotidiennes ? Que si on veut parler de méthode historique, n'en a-t-elle pas été le résultat le plus net ? et
n'avons-nous pas le droit, à notre tour, de nous
retourner vers ceux qui l'invoquent si haut au profit
de toutes les aberrations et de toutes les iniquités,
passées, présentes ou futures, pour leur opposer des
principes que l'humanité n'a acquis que par tant de
souffrances et de misères (1) ?

1. Voir le *Livre des Métiers* d'Étienne Boileau publié par Dep-
ping.—*Histoire des Classes ouvrières en France*, par Levasseur.

CHAPITRE IV

Le Critérium.

Les constitutions et les droits individuels. — Le *Bill of Rights*. — États-Unis. — Suisse. — Caractère commun des constitutions modernes. — Les Principes de 89 reconnus par la Charte de 1814. — Réalité objective des Principes de 89. — Les progrès réalisés y sont conformes. — Le socialisme, dans sa doctrine et sa pratique, est-il conforme aux Principes de 89?

Je me garde bien, ici, d'entrer dans les discussions concernant le caractère du droit, la définition du droit. Voulant écarter toute discussion métaphysique, je n'examine pas s'il y a des droits naturels ou non. J'ajoute que je préférerais que la Déclaration des Droits fût débarrassée de quelques locutions superflues et discutables, empruntées à la phraséologie à la mode à cette époque.

Je me borne à constater que ce n'est pas seulement en France que les auteurs des constitutions ont eu la préoccupation de leur donner le caractère de garantie de droits.

En octobre 1689, les Anglais ont proclamé leur

Bill of Rights, leur Déclaration des droits, qui, commence par un réquisitoire contre les actes inconstitutionnels de Jacques Ier. Par ses treize articles, il a pour but d'assurer l'intégrité de la justice, de garantir le peuple anglais contre les exactions et les entreprises tyranniques de la Couronne, d'empêcher celle-ci de lever des impôts, d'avoir une armée permanente, sans le consentement du Parlement.

Macaulay dit que cette Déclaration, quoique n'étant pas une loi, quoique n'ayant pas de sanction, est l'origine de toutes les bonnes lois qui ont été adoptées depuis en Angleterre.

Qu'est-ce, en définitive ? C'est l'organisation de la défense de la propriété, de la liberté, de la sécurité des individus contre l'État.

Dans la Constitution des divers États des Etats-Unis, les droits individuels sont placés au-dessus de la loi, et cette déclaration n'est pas de pure forme : les autorités judiciaires doivent déclarer inconstitutionnels les actes législatifs qui méconnaissent ces droits, et elles le font (1).

Dans les vingt-cinq constitutions de la Suisse, se trouvent aussi les mêmes déclarations en faveur des droits individuels ; seulement elles n'ont pas la sanction du pouvoir judiciaire. Les auteurs de la Déclaration des Droits de l'homme de 1789 avaient aussi oublié d'en rendre le respect obligatoire par les gouvernements et les parlements.

On peut dire que toutes les constitutions modernes ont un caractère commun : — Soustraire les indivi-

1. Voy. *Tyrannie socialiste*, p. 111.

dus à l'arbitraire du pouvoir social, représenté soit par un homme, soit par des Assemblées.

Les Principes de 89 avaient si bien pénétré la nation tout entière, que sur les dix premiers articles de la Charte de 1814 huit sont employés à confirmer l'égalité des Français devant la loi, leur égalité d'admissibilité aux emplois de l'État, l'égale proportionnalité de l'impôt pour tous, la garantie de la liberté individuelle, la liberté de conscience, la liberté de la presse, la sécurité de la propriété.

Si les émigrés, en revenant en France, se voyaient obligés de confirmer les Principes de 89, n'est-ce pas la preuve qu'ils les reconnaissaient comme la base indestructible du droit public français ?

Je n'ai pas à examiner, ici, le degré de sincérité de cette reconnaissance, si tous les gouvernements, à commencer par la Convention, les ont toujours respectés. Je me borne à constater :

1° Qu'ils ne sont point suspendus dans le vide, comme on s'est plu à le dire, mais qu'ils reposent solidement sur une expérience aussi longue que décisive ;

2° Que les progrès incontestables réalisés dans notre législation et dans notre politique y sont conformes.

Ces Principes ont donc une réalité objective qui nous permet de les prendre comme critérium pour apprécier la valeur de telle ou telle mesure, de tel ou telle loi ou proposition de loi, de tel ou tel système.

La question que nous allons donc examiner est celle-ci :

— Le socialisme, dans ses doctrines ou dans sa pratique, est-il conforme aux Principes de 89 ?

Au lieu d'en être le développement, n'a-t-il pas pour conséquence fatale de nous ramener à un état social qui, loin de constituer un progrès, représenterait un recul vers l'organisation de l'ancien régime?

LIVRE III

LES PRINCIPES DE 89
ET LES DOCTRINES SOCIALISTES

———

CHAPITRE Ier
L'égalité et le socialisme

La Déclaration des Droits de l'homme et l'égalité. — Le parti socialiste allemand. — Le Tiers Etat et le Quatrième Etat. — Criterium du Quatrième Etat. — La fortune ? — Pas de capital. — Le cens. — La blouse de Thivrier. — L'instruction ? — Les boursiers de l'Ecole polytechnique. — Le salaire ? — Travail manuel ? — Des mains d'ouvrier. « Travailleur de la plume. » — « L'ouvrier des ouvriers. » — Preuve que le Quatrième Etat n'existe pas. — Sa définition par le parti ouvrier. — Inconséquence. — Le cens moral. — Le scrutin bourgeois. — Le parti de classe. — La politique centrifuge et la politique centripète. — La politique rayonnante et la politique dépressive.

Il n'y a pas un Français qui, revendiquant les titres de gloire de sa patrie, ne soit prêt à dire :

— C'est vrai, les Anglais avaient fait une Déclaration des Droits un siècle avant nous : ils avaient un

Parlement, le contrôle de leurs finances, le vote de
leurs impôts depuis 1688 et nous n'avons fait notre
Révolution qu'en 1789. Mais nous avons eu l'honneur
de supprimer toutes les distinctions de naissance, et
de déclarer la loi une pour tous et tous les Français
égaux devant elle, et qu'il n'y aurait d'autre supériorité que celle du mérite. Nous avons ainsi affirmé
l'égalité de tous les hommes entre eux, quels qu'ils
soient, sans nous inquiéter de leur race, de leur religion, de leur naissance ou de leur fortune. L'article 6
de la *Déclaration des Droits de l'homme* est ainsi
conçu :

> La loi est l'expression de la volonté générale. Tous les
> citoyens ont le droit de concourir personnellement ou par
> leurs représentants, à sa formation. Elle doit être la même
> pour tous, soit qu'elle protège, soit qu'elle punisse. Tous
> les citoyens étant égaux à ses yeux, sont également admis-
> sibles à toutes les dignités, places et emplois publics,
> selon leur capacité et sans autre distinction que celle de
> leurs vertus et de leurs talents.

— Le socialisme actuel est-il conforme au principe
d'égalité proclamé par la Révolution?
— Non. Les socialistes germanisés n'entendent
plus l'égalité comme nos grands-pères de 1789.
Ils ont rapporté de l'Allemagne, restée encore féodale par tant de côtés, l'idée du Quatrième Etat. Les
socialistes allemands ont déclaré au Congrès de Gotha
de 1875 que « l'affranchissement du travail doit être
l'œuvre de la classe ouvrière, en face de laquelle
toutes les autres classes ne forment qu'une masse
réactionnaire. » Cette déclaration a été renouvelée

au Congrès de Halle de 1890 qui organisa le parti socialiste allemand et au Congrès d'Erfurt de 1891 avec insistance : « Toutes les autres classes, malgré les querelles d'intérêt qui les divisent, reposent sur la propriété privée des moyens de production et ont pour but commun les fondements de la société actuelle. »

Ils répètent que la Révolution sociale doit faire pour le Quatrième Etat, ce que la Révolution de 1789 a fait pour le Tiers Etat.

Ils oublient que le Tiers Etat était facilement distinct de deux autres ordres. Le roturier supportait des charges que ne supportaient ni le prêtre ni le noble et ceux-ci avaient des privilèges refusés au premier.

Mais maintenant où sont les frontières du Quatrième Etat ? où commence-t-il ? où finit-il ?

Est-ce que l'ouvrier n'a pas les mêmes droits que n'importe quel citoyen ? On a fait une exception, il est vrai, en sa faveur ; on a manqué aux principes que la loi doit être une pour tous, que tous doivent avoir les mêmes juridictions, en lui donnant une juridiction spéciale, celle des prud'hommes, sur laquelle nous reviendrons. Mais quel est le signe qui constitue un individu membre du Quatrième Etat ?

La fortune ? un gentilhomme décavé fait-il partie du Quatrième Etat ? Un homme qui a fait faillite, qui se trouve sans ressources avec la tache déshonorante qui frappe son nom, fait-il partie du Quatrième Etat ? Faut-il être pauvre de naissance ? Mais la pauvreté est relative comme la richesse. L'enfant élevé par l'assistance publique est censé plus dépourvu que l'enfant élevé par ses parents. La première condition sera-t-elle exigible pour être reconnu digne du Quatrième Etat ? Ses membres doivent-ils jurer solennellement qu'en dehors de leur salaire, ils n'ont pas un sou et qu'ils ne placent jamais rien à la caisse d'épargne ? car les quelques francs qu'ils pourraient y avoir, étant un commencement de capital, les feraient sortir du Quatrième Etat. Pour s'éviter toute tentation à cet égard, doivent-ils prendre l'engagement de consommer intégralement tout ce qu'ils gagnent et de prendre le marchand de vins, comme collaborateur ?

Sous la Restauration, quand la qualité d'électeur ne s'acquérait que moyennant le payement d'une contribution directe quelconque de 300 francs, sous le gouvernement de Juillet quand elle comportait encore un cens de 200 francs et pour la qualité d'éligible un cens de 500 francs, tous ceux qui ne faisaient pas partie des 220.000 électeurs se trouvant en dehors du pays légal, pouvaient dire qu'ils étaient relégués dans un Quatrième Etat. Le cens formait une frontière nettement déterminée que la Révolution de 1848 a emportée. Maintenant, tout Français de sexe masculin, âgé de vingt ans, est électeur, de vingt-cinq ans, est éligible. Il n'est même pas soumis à l'exception qui existe en Angleterre pour l'individu inscrit à l'Assistance publique dans les trois dernières années. Thivrier a arboré la blouse, comme symbole du Quatrième Etat ; mais en la portant à la Chambre des députés, il a montré que le Quatrième Etat n'existe pas, puisque ceux qui prétendent en faire un parti exclusif, sont obligés de se déguiser pour le représenter.

L'instruction ? mais maintenant tout élève se distin-

guant dans une école peut obtenir des bourses et
suivre tout le *curriculum* de notre enseignement. Dans
l'école qui est considérée comme la première de
toutes, qui peuple toutes les administrations des plus
hauts fonctionnaires, les corps savants de l'armée,
l'industrie de ses directeurs et de ses ingénieurs,
l'Ecole polytechnique, il y a 80 0/0 de boursiers? Font-
ils partie du Quatrième Etat quand ils y entrent? A
coup sûr. Mais d'après Benoît Malon et ses amis, ils
ont gagné, par leur travail et leurs efforts, d'en être exclus, quand ils en sortent.

La dernière inégalité, celle du service militaire, qui
pouvait se racheter par l'argent, a disparu en 1889.

Comment un homme peut-il faire actuellement pour
se confiner dans le Quatrième Etat? Qui peut dire : —
« Moi je suis un pur du Quatrième Etat? » Où est la
barrière?

Est-ce le salaire? mais alors, je déclare que je suis
du Quatrième Etat, car je n'ai jamais vécu que de
mon salaire. Tel directeur de société financière, de
compagnie de chemins de fer, de grande usine peut réclamer aussi son entrée dans le Quatrième Etat : car la
plupart ne sont point nés millionnaires, et si quelques-uns le sont devenus, ils ont commencé tout
d'abord par n'être que des salariés.

Le salaire ne suffit donc pas. Est-ce le travail
manuel? mais où en est la limite exacte? Voilà un
constructeur d'instruments de précision : son travail
est-il purement manuel, ne comporte-t-il pas une
partie intellectuelle? Est-ce qu'un horloger et un
charpentier ne font pas de géométrie? Dans ces conditions, un ouvrier qui gagne dix, quinze, vingt francs

et plus par jour ferait partie du Quatrième Etat, mais
le petit instituteur qui gagne quelques centaines de
francs par an en serait exclu, le petit employé en
serait considéré comme indigne ?

Un jour, M. Curé était candidat au Conseil municipal de Paris à Vaugirard. Curé était fils de paysans
bourguignons, avait commencé par être ouvrier jardi-
nier, puis s'était établi maraîcher. Il avait pour concurrent un petit monsieur, à l'air chétif, malingre,
qui criait sur tous les tons :

— C'est moi que vous devez élire, car je représente
le parti ouvrier, je suis ouvrier.

Quand il eut fini son discours, Curé le prit par le
bras à son grand effroi et l'amena sur le bord de la
tribune, puis il lui cria :

— Montre ta main ! voici la mienne !

Alors aux applaudissements de l'auditoire, il étala,
à côté de la main « de l'ouvrier », fine et blanche,
une main large et pleine comme un battoir, puis il
dit dédaigneusement :

— Lequel de nous deux est le véritable ouvrier ?

L'homme qui prétendait incarner le Quatrième Etat
s'effondra.

Il est vrai qu'il avait la ressource de dire en s'en
allant :

— Moi je suis un travailleur de la pensée ! Je suis
un travailleur de la plume.

Alors Victor Hugo faisait partie du Quatrième Etat,
comme Alexandre Dumas ou Renan. Sans y avoir
autant de titres que l'auteur de l'*Assommoir*, j'y réclame aussi ma place.

Si vous excluez le travailleur de la plume, c'est

bien grave : vous mettez à la porte du Quatrième
Etat toute cette malheureuse légion de comptables, si
souvent dépourvus de places, et tous les malheureux
plumitifs qui travaillent chez Bonnard-Bidault. Ils
font pourtant un travail manuel.

Du reste, le parti ouvrier donne en général ses
pouvoirs à des gens qui manquent de la première
qualité requise par lui. Ils ne sont pas ouvriers.

Quelques-uns l'ont été, mais ils sont devenus ensuite cabaretiers, instituteurs comme M. Lavy, comptables comme M. Dumay, ou bien, ils n'ont jamais
tenu d'autre outil que la plume. C'est un peu
gênant. Mais ils ont une ressource que M. Jules Guesde
leur a indiquée très habilement quand il s'est déclaré :
« l'ouvrier des ouvriers. »

La meilleure démonstration de notre régime d'égalité est l'impossibilité de trouver une définition du
Quatrième Etat, de montrer la ligne de démarcation
qui le sépare et l'isole du reste de la nation.

Les chefs veulent en faire une armée ; mais ils ne
peuvent pas arriver à distinguer entre les intrus
et ceux qui ont le droit d'y être enregimentés ; et la
plupart de ses chefs, aussi bien M. Vaillant que
M. Guesde, en sont exclus par leur situation de fortune
ou par la nature de leurs occupations.

Le journal *Le Parti ouvrier* (1) a essayé de donner
la définition du Quatrième Etat. — En font partie tous
ceux qui sont ralliés « au principe absolu de l'abolition du patronat et du salariat. »

Parmi les membres du parti ouvrier, il est vrai
qu'il y a des patrons, comme l'était hier encore M. Chau-

1. Octobre 1893.

5.

vin, qu'il y a des rentiers et des propriétaires qui ne vivent que « par le patronat et le salariat. » Mais le parti ouvrier est tolérant : il ne les somme pas de mettre d'accord leur théorie et leur existence ; s'il touchent des revenus, s'ils sont propriétaires et patrons, « c'est pour le bon motif » ; et ce bon motif ils le prouvent moyennant le prélèvement, au profit du parti qui demande leur expropriation, de quelques louis par an.

Le *Parti ouvrier* reconstitue le cens aboli par la Révolution de 1848. Il est vrai qu'il ne s'agit plus d'un cens pécuniaire, mais d'un cens moral.

L'article 3 de la Déclaration des Droits de l'homme fait résider le principe de toute souveraineté dans la nation.

Le journal *Le Parti ouvrier* le mutile de la manière suivante :

Cette souveraineté sociale, exercée par les producteurs utiles, est pour nous le vrai suffrage universel, le seul légitime. La participation au scrutin bourgeois, temporairement admise par les uns, repoussée par les autres, n'apparaît à tous que comme un moyen de combat et de propagande. Nos élus à la Chambre des députés ou au Conseil municipal ne sont ni des députés ni des conseillers municipaux ; ce sont des délégués à l'ordre du socialisme révolutionnaire, chargés de porter dans ces assemblées les revendications ou les résolutions des comices corporatifs.

« Le scrutin bourgeois ! » que méprisent les socialistes, c'est le scrutin auquel tous les citoyens sans exception, ni de religions, ni de races, ni d'opinions. ni de fortunes, peuvent prendre part.

La véritable souveraineté, c'est « celle des fédérations, syndicats, groupes d'études et de propagande, ralliés au principe absolu de l'abolition du patronat et du salariat. »

Si les représentants du scrutin bourgeois n'obéissent pas, les socialistes se réservent le droit de les dompter par la force, chaque fois qu'ils le pourront.

« La Révolution sociale, dit le doux Benoit Malon, par le vote ou par le fusil, selon les circonstances, ne pourra être accomplie que par le prolétariat, organisé en parti de classe. »

Les hommes de la Révolution de 89 voulaient embrasser le monde dans leur étreinte. Ils brisaient les classes, les castes, pulvérisaient les barrières, supprimaient les frontières, enveloppaient l'humanité de toute leur chaude sympathie. Dans leur enthousiasme optimiste, en proclamant les Droits de l'homme, ils ne distinguaient point entre les religions ni les races.

Ils rayonnaient. Dans son impulsion et son mouvement, leur politique était centrifuge.

Ce n'est pas celle des socialistes. Leur politique, à eux, est centripète jusqu'à l'écrasement. Ils se recroquevillent dans un petit compartiment. Ils se confinent dans un ghetto où ils prétendent être enfermés. On leur demande en vain : « Mais où sont vos barrières ? Est-ce que vous ne pouvez pas demeurer partout, aller et venir à votre gré ? Etes-vous condamnés au bonnet jaune ? Où sont vos signes de servitude ? » — Ils ne peuvent les montrer.

— Eh bien ! alors, sortez donc de votre Quatrième Etat. Venez donc avec nous. Discutons, causons, parlons, soyons amis comme hommes, même si nous ne partageons pas les mêmes idées.

Ils se reculent, ils se resserrent, en lançant des anathèmes et des excommunications. La sèche, pour se défendre, vide sa poche de liqueur noire.

Ils se terrent dans leur oppression imaginaire et distillent leur haine. Ces délirants veulent être, quand même, opprimés, malheureux, persécutés. Conséquence : ces lypémaniaques sont possédés du délire persécuteur et de mégalomanie.

Ils se lovent pour projeter leur haine plus loin et leur ambition plus haut.

———

CHAPITRE II

La liberté et le socialisme.

La liberté et l'égalité. — Deux aspects de la même qualité. — Le Quatrième Etat et la liberté. — « Les triomphantes jacqueries ». — La conception de la liberté de la presse. — La conception de la liberté de réunion. — La conception de la liberté d'association. — Mise en interdit. — Excommunication. — Suppression de l'apprentissage. — La liberté d'association et la législation de 1791. — Erreur de la loi de 1884. — L'article 3 de la Déclaration des Droits de l'homme. — Tyrannies privées des socialistes.

Tocqueville a commis l'erreur, qu'on a beaucoup trop répétée après lui, d'opposer la liberté à l'égalité. En réalité, ces deux mots ne représentent chacun qu'un aspect différent de la même qualité. La liberté et l'égalité, c'est le pouvoir pour tout individu de penser et d'agir. Dans une autocratie, ce droit est réservé à un seul. Tous les autres sont opprimés, mais aucun n'est son égal. Dans une oligarchie, la liberté est grande pour les uns et parcimonieusement accordée aux autres.

Le Quatrième Etat entend prendre tous les droits

pour lui et les supprimer aux autres : privilèges pour lui, spoliation pour les autres. Nous connaissons cette vieille justice distributive. Elle a été pratiquée par tous les conquérants et dans tous les systèmes féodaux.

Il réclame la liberté pour lui, mais comme le faisait Veuillot : — Je vous demande la liberté pour moi, au nom de vos principes; mais je vous la refuse, au nom des miens.

Il ne dissimule pas que la liberté politique lui est fort indifférente. Les théoriciens du socialisme, même les plus pacifiques de tempérament, n'attendent point de la seule propagande intellectuelle le triomphe de leurs doctrines. Ils ont la modestie de croire qu'elles ne portent pas avec elles la clarté qui donne la conviction solide. Ils ont raison.

Ce qu'ils voient dans la Révolution française, « ce sont les triomphantes jacqueries de 1789 », comme dit M. Benoît Malon (1) et ils attribuent à des désordres, qui lui ont été nuisibles, un triomphe qui n'est dû qu'à la force de ses idées.

Ils demandent « l'abolition de toutes les lois sur la presse, sur les réunions et les associations. »

Mais la liberté de la presse pour eux, c'est le droit d'insulter, de calomnier et de provoquer aux crimes. Ils n'ont pas à se plaindre : car la loi de 1881 leur a donné ce droit, ce qui n'aurait pas eu lieu si on avait aboli toute loi sur la presse et si on l'avait fait rentrer dans le droit commun.

Ils comprennent la liberté de réunion, d'une manière tout à fait simple : ceux qui ne sont pas de leur

1. *Le Nouveau parti*, p. 24.

avis, ils les empêchent de parler ou les assomment. Ils ne discutent pas ; ils se livrent à des anathèmes contre les bourgeois, contre les capitalistes, et ils décrètent d'accusation ceux qui se rendent coupables de lèse-syndicat. J'en sais quelque chose ; j'ai été assommé le 11 mars 1883, salle Rivoli, parce que je voulais empêcher des maçons d'aller prendre part aux manifestations de Louise Michel et j'ai été, au mois de mai dernier, dans les réunions de la Bourse du travail, solennellement voué à «la vengeance du peuple.»

Quant à la liberté d'association, voici comment ils la comprennent.

Des gens se réunissent, disent : — « Nous sommes un syndicat, » et le syndicat est. Ils sont cinq, dix, vingt, trente, peu importe. Dès lors, ils prétendent reconstituer la vieille corporation à leur profit. Les meneurs du syndicat se constituent en jurandes comme aux jours d'avant 89. La plupart ne sont travailleurs que de nom, mais ils prétendent dès lors que tout le métier leur appartient. Ils entendent stipuler pour tous et traitent de traître quiconque n'obéit pas à leurs ordres. Ils décrètent les conditions du travail et surtout la grève. Ceux qui n'obéissent pas doivent tout au moins être boycottés, sinon écharpés. La liberté d'association n'est à leurs yeux qu'un moyen d'oppression.

Jamais ils n'ont pardonné à l'Assemblée nationale d'avoir redouté que la liberté d'association ne prît entre les mains des industriels, des commerçants et des ouvriers ce caractère : mais, en même temps, ils font tout le nécessaire pour justifier ces méfiances.

Je ne reviendrai pas sur les faits que j'ai cités dans

la *Tyrannie socialiste,* je me bornerai à dire que le Congrès des ouvriers gantiers de Grenoble, tenu au mois de septembre 1893, a adopté une proposition aux termes de laquelle « tous les ouvriers gantiers sans exception seront contraints d'adhérer à un syndicat. »

— Mais s'ils refusent? objecta timidement quelqu'un

. — « En vue du bien général, nous aurons, a dit un délégué, le regret d'user de violence envers nos camarades récalcitrants.

« Il faudra agir avec vigueur contre ceux qui sont trop mous et ne pas s'arrêter à avoir de la considération parce qu'ils auront femme et enfants. »

Un délégué allemand demanda même la suppression du travail à domicile, la surveillance et la propagande socialistes y étant moins faciles. Un certain nombre de membres du Congrès trouvant qu'il allait trop loin, il répondit :

— Nous n'en finirions pas, si nous tenions compte des protestations, qu'elles émanent des patrons ou des ouvriers.

Ce passage d'une correspondance du *Siècle* (20 septembre 1892), nous indique les procédés employés par les syndiqués : « A Lourches où se trouvent les « fosses » ou les « puits exploités par la Compagnie de Douchy, le syndicat exerce sur toute la population la plus odieuse tyrannie.

« Les ouvriers non syndiqués sont appelés « oreilles blanches » et ne peuvent plus entrer dans un estaminet, le dimanche, sans s'exposer à recevoir des horions par les syndiqués ; ce sont à chaque instant des batailles sanglantes entre syndiqués et non-syndiqués

«Tous les commerçants de la localité ont été forcés de se mettre du syndicat des mineurs sous peine de perdre leur clientèle.

« Jusqu'aux *mendiants*, on les oblige à faire partie du syndicat ! »

La lettre ci-dessous, parue dans l'*Union socialiste* de Verviers du 15 octobre, expose dans toute sa naïveté la manière dont les syndicats comprennent la liberté.

« Compagnon rédacteur,

« Nous sommes heureux de vous donner connaissance de la marche de notre syndicat. Depuis notre fondation, plusieurs ouvriers de la fonderie Lahaye-Henrotte refusaient de faire partie de l'Association ; après une dernière tentative auprès de ces derniers, une délégation a été envoyée auprès du patron à l'effet d'obliger les récalcitrants, ou sinon grève immédiate. Le patron, comprenant sans doute l'efficacité de nos moyens, les a obligés à se soumettre à notre décision. Nos nouveaux compagnons (forcés il est vrai) se sont acquittés envers le syndicat le jour même.

« Les retardataires de la fonderie Lamoureux ont accepté, sauf un, qui a préféré quitter. De sorte qu'aujourd'hui tous les ouvriers fondeurs de Verviers sans exception sont associés.

« Nous invitons tous les syndicats à faire de même et la victoire sera certaine. »

Récemment, le président de la Chambre syndicale des ouvriers coffretiers adressait à tous ses adhérents une circulaire dans laquelle il dénonçait à la corporation les ouvriers non syndiqués.

Il les traitait de renégats, de faux frères. Il réclamait qu'à l'avenir ils fussent « rejetés de tous les ateliers, comme l'on ferait d'un pestiféré ou d'un lépreux. »

La circulaire était suivie de la liste des noms des non-syndiqués, qualifiés de « lâches » avec invitation aux syndiqués de « graver ces noms dans leur mémoire. »

Un ouvrier qui figurait sur la liste dénonciatrice eut l'idée de s'adresser à la justice pour obtenir réparation de la manière dont il avait été mis à l'index et des épithètes injurieuses que le président du Syndicat lui avait, en nombreuse compagnie, généreusement octroyées.

Le juge de paix du IIIᵉ arrondissement, saisi de l'affaire, condamna l'auteur du factum à 100 francs de dommages-intérêts.

Mais le 28 octobre 1890, la Cour de Grenoble avait ratifié par un arrêt la prétention d'un Syndicat d'imprimeurs sur étoffes de Bourgoin d'imposer à un patron le renvoi d'un ouvrier qui s'en était retiré et refusait d'y rentrer. Il est vrai que, sur les conclusions de M. Ronjat, la Cour de cassation en fît justice.

Mais cet arrêt n'a point modifié les procédés des syndicats qui ont redoublé de violence, sous la poussée des soixante-huit députés socialistes envoyés à la Chambre par les dernières élections.

Mise en interdiction d'usines et d'ateliers. Le Conseil fédéral fait des affiches dans ce genre : « Les ouvriers verriers sont prévenus qu'ils n'auront pas à se déranger pour aller à Saint-Etienne, à l'usine Durif ». La Chambre syndicale des verriers de Montluçon déclare que, « tout membre absent sera signalé à la

corporation comme traître à la cause. » Pendant la
grève du Pas-de-Calais, des délégués mineurs disaient : « Je suis délégué-mineur ; pas un des ouvriers
de ma fosse n'oserait aller travailler sans ma permission ! »

Est-ce assez édifiant ?

Et de malheureux mineurs à qui ou demandait :
« Pourquoi allez-vous vous fourrer dans les ba-
garres ? » répondaient : — « Je suis bien forcé !
si nous n'y allions pas, on viendrait nous chercher. »

Et qui décrète ? qui mène ? qui dirige une grève ?
Ils sont 47 qui se réunissent à Lens, le 26 octobre 1893,
et décident la prolongation de la grève des mineurs ;
ces représentants autorisés du travail comptent
23 cabaretiers, 1 ancien cabaretier, 15 ouvriers qui
cumulent les fonctions de cabaretier avec leurs occupations habituelles, 1 marchand de nouveautés, et
7 ouvriers proprements dits.

On fait éclater des cartouches de dynamite devant
les maisons de ceux qui voudraient travailler, on
menace leurs femmes et leurs enfants, on les menace
de susciter des vengeances dans la mine, et, en attendant, on se livre à de telles voies de fait à leur
égard que les soldats et les gendarmes ne parviennent
pas à les soustraire à des mauvais traitements, peut-
être à la mort.

Pour défendre leur monopole, les syndicats s'acharnent à supprimer les apprentis. Les mécaniciens de
Saint-Étienne s'étaient mis en grève parce qu'ils n'admettaient pas que les patrons prissent comme apprentis des enfants autres que leurs fils.

Le Syndicat des ouvriers en coffres exige au mois de septembre 1893, non-seulement le renvoi, par M. Guitat d'un de ses ouvriers, Colbert-Trincard, qui avait refusé de se mettre en grève avec eux, mais encore celui de son fils, apprenti dans la maison.

Le Congrès des gantiers de Grenoble a déclaré qu'il ne saurait être permis aux ouvriers de prendre des apprentis comme ils l'entendent. Il faut surveiller, limiter et réglementer l'apprentissage, car les apprentis en savent bientôt autant que leur maître, lui font concurrence, le poussent et le remplacent! Comme exemple à suivre, certaines Sociétés de ganterie sont citées avec éloge, n'admettant, paraît-il, comme apprentis, que des fils de gantiers! Et une motion applaudie, relative à la fondation d'une école de ganterie à Grenoble, spécifie très expressément qu'il en résulterait interdiction absolue de faire des apprentis en dehors de cette école.

J'arrête là ces citations. Elles suffisent pour montrer ce que les socialistes entendent par la liberté d'association : pour eux, c'est le droit d'opprimer les individus; c'est le droit d'ériger en monopole fermé toutes les professions. Ces démocrates veulent des privilèges.

Ces procédés sont l'usurpation, sur l'autorité publique, de corporations, privées et irresponsables, oscillant entre tous les caprices et toutes les passions. Ils nous ramènent en deçà de 89 et nous donnent des conditions pires; au moins les corporations, maîtrises et jurandes représentaient une organisation, avec une responsabilité, tandis que ces syndicats n'existent que par l'initiative et l'audace de ceux qui les forment. Je

ne leur reproche pas ces deux qualités ; seulement, je
considère que l'usage qu'ils en font, aboutit à des
tyrannies privées qui sont la négation de la sûreté
de ceux à l'égard de qui elles s'exercent.

Dans son désir de garantir les droits individuels,
l'Assemblée nationale avait fait la loi du 14-17 juin
1791 dont l'article 1er était ainsi conçu :

« L'anéantissement de toutes les espèces de corporations des citoyens du même état et profession étant
une des bases fondamentales de la constitution française, il est défendu de les rétablir de fait, sous quelque prétexte et quelque forme que ce soit. »

Par l'article 7, « ceux qui useraient de menaces ou
de violences contre les ouvriers usant de la liberté
accordée par les lois constitutionnelles au travail,
à l'industrie, seront poursuivis par la loi criminelle.»

La loi de 1884 sur les syndicats n'a pas aboli ces
dernières dispositions; mais elle a eu le tort de reconnaître aux syndicats professionnels une existence qui
n'est pas donnée aux associations d'une autre nature
qui peuvent en contrebalancer l'influence. Elle a organisé les corps de troupes pour la lutte sociale : patrons d'un côté, ouvriers de l'autre. C'est par une loi
générale sur les associations, avec des sanctions effec-
tives, qu'on pourra remédier à ce mal.

L'Assemblée nationale, par sa loi du 30 septembre-
9 octobre 1791, avait interdit aux réunions et aux associations « d'apporter aucun obstacle à aucun acte
quelconque de l'autorité, de mander devant elle aucun
fonctionnaire ni aucun citoyen. » Elle avait raison. Il
est fâcheux que cette loi n'ait pas été exécutée. Elle
eût empêché la tyrannie du club des Jacobins que les

syndicats socialistes voudraient recommencer aujourd'hui.

La loi à venir sur les associations devra s'inspirer de ces considérations, surtout de l'esprit de l'article 3 de la Déclaration des Droits de l'homme, de la Constitution de 1791 :

Le principe de toute souveraineté réside essentiellement dans la nation : nul corps, nul individu ne peut exercer d'autorité qui n'en émane directement.

En d'autres termes, aucune association, aucun individu ne peut se substituer à la loi ni à l'autorité régulièrement déléguée

CHAPITRE III

Les vœux perpétuels.

Socialiste, mon ami, tu as une fille. Elle a été élevée au couvent. Tu es libre penseur, mais tu laisses faire ta femme, je connais cela. Ta fille veut devenir religieuse, Elle fait des vœux. Admets-tu que ces vœux soient perpétuels, qu'ils la lient pour toujours? Que si elle veut les rompre, elle ne le puisse pas? Que si elle veut quitter le couvent, on le lui interdise? Que si elle se sauve, on la rattrape et on la brutalise?

— Non, la Révolution de 89 a aboli les vœux perpétuels.

— Eh bien! quand tu frappes d'interdit un travailleur, parce qu'il ne veut pas entrer dans ton syndicat, c'est-à-dire dans ton couvent; quand, si tu l'as forcé d'y entrer, tu lui interdis d'en sortir, sous peine de le frapper d'excommunication, en le pourchassant d'atelier en atelier et en allant jusqu'à le maltraiter s'il résiste, tu rétablis les vœux perpétuels : tu fais pour ton syndicat ce que tu trouverais monstrueux de la part d'un couvent.

CHAPITRE IV

Les propriétés des unités

Propriétés des unités. — Ni l'addition ni la soustraction ne leur donnent de grâces particulières. — Dix ne peuvent pas faire ce qui est interdit à un. — Préjugés des grévistes. — La grève ne leur donne pas de droits spéciaux. — Le syndicat n'augmente pas les droits individuels. — Le crime ou délit en bande. — Le principe de la souveraineté une. — La violence du nombre.

Je demande à M. le Ministre de l'Instruction publique de faire poser la question suivante à tous les candidats au brevet de l'enseignement primaire :

— Les propriétés essentielles des unités sont-elles altérées par les diverses opérations arithmétiques auxquelles elles sont soumises ?

Voici une pomme. Vous l'additionnez à une autre pomme. Devient-elle pêche ?

10 lièvres plus 10 lièvres font-ils un chevreuil ?

L'addition des unités ne change pas la qualité des unités

Voilà une règle que tous les instituteurs primaires doivent connaître et doivent surtout enseigner à leurs élèves, en ajoutant que l'homme n'est pas une unité d'une autre nature que les autres.

1 homme + 1 homme = 2 hommes; 1 homme + 999 hommes = 1.000 hommes.

Mais cette addition ne donne pas une grâce particulière à chacune de ces unités agglomérées. Leurs propriétés essentielles ne sont pas changées.

La somme qu'elles produisent n'ajoute pas à chacune d'elles des vertus spéciales, des qualités nouvelles, des droits qu'elle n'avait pas, isolée.

De même la soustraction, jusqu'à la réduction à l'unité, n'enlèverait à aucune de ces unités aucune des qualités qui lui sont propres.

Si vous faites la soustraction de 25 louis, le dixième n'aura pas perdu sa qualité d'or et le dernier ne sera pas devenu du cuivre. 1 homme ajouté à 999 hommes continuera à respirer, à manger, à boire et à digérer; si on retranche 500 hommes du groupe, ses besoins ne seront pas modifiés; et s'il reste seul, il sera toujours obligé de respirer, de manger, de boire et de digérer. Les qualités essentielles de sa nature ne sont pas transformées.

Vous me répondez : — C'est évident. Tous les élèves de l'école primaire connaissent cette règle d'arithmétique.

— Soit, mais non seulement des élèves de l'école primaire, mais même des gens sortis d'écoles très supérieures l'oublient tous les jours, au moins quand il s'agit des hommes.

Au moment des fêtes données aux marins russes,

dans la foule, certains individus s'arrogeaient le **droit** d'arrêter des fiacres et des omnibus et d'exiger des cochers qu'ils « saluassent le peuple » et criassent : « Vive la Russie ! »

Des cochers ayant résisté furent malmenés. L'un d'eux sur la place de l'Hôtel-de-Ville dut être **porté** dans une pharmacie. Le lundi 23 octobre, à onze heures du soir, sur la place de la République, un officier de paix fut blessé en voulant défendre un cocher d'omnibus, et les gardiens de la paix durent **dégainer** pour le dégager.

Dès le premier jour où ces faits s'étaient produits, le *Siècle* les avait dénoncés et avait rappelé un principe de droit que tout le monde semble oublier.

Si un monsieur vous abordait dans la rue et **vous** disait : « Saluez », fût-il l'homme le |plus honorable du monde, vous l'enverriez promener et vous **auriez** raison. Devrez-vous obéir à une semblable injonction parce qu'elle sera faite par cinquante personnes ?

Qu'un individu interpelle un ouvrier qui se rend à son travail et lui dise :

— Je te défends de travailler !

L'interpellé lui répondra :

— De quel droit ? Je ne vous connais pas.

Si au lieu d'un individu, il en trouve dix, il en trouve cent, il en trouve mille, ces dix, ces cent, **ces** mille auront-ils davantage le droit de lui **intimer** l'ordre de ne pas travailler ?

Un homme loue son travail à un autre homme. **Il** a le droit de rompre son contrat, moyennant les **dommages**-intérêts prévus par les articles **1142** et **1780 du** Code civil. C'est bien.

Dix hommes, vingt hommes ont le droit de faire de même.

Refuser à vingt, à cent hommes ce qui est permis à un seul, constitue une erreur semblable à celle que nous venons de relever.

Si un homme + un homme ne donnent pas *plus* de deux hommes, ils ne donnent pas *moins* de deux hommes. Les qualités des unités ne sont pas modifiées.

C'est le droit de grève,

Cent hommes ont, comme un homme, le droit de refuser leur travail ; mais reconnaissez-vous le droit à un homme de dire à un autre :

— Je t'interdis de travailler parce qu'il me plaît de ne pas travailler ?

Si vous ne reconnaissez pas ce droit à un individu, pourquoi le reconnaîtriez-vous à dix ou à cent ?

Voici quelques hommes qui se réunissent : ils forment un syndicat ; ce syndicat décrète qu'il aura le droit d'empêcher des gens de travailler de telle ou telle manière, chez telle ou telle personne, à telles ou telles heures, à tel ou tel jour.

Ils revendiquent hautement ce droit ; et même des légistes sont tout prêts à le leur reconnaître.

Un individu quitte son atelier. C'est bien. Ils sont dix. Ils s'appellent grévistes. Alors des députés prennent en main leur cause, les journaux ouvrent des souscriptions. S'ils assomment un camarade qui voulait travailler, c'est l'assommé qui a tort.

Un individu briserait des clôtures, détruirait des machines, menacerait de mort des individus : il serait dans son tort. Ils sont dix, vingt, cent, mille,

qui se livrent à ces exercices : ils deviennent inté-
ressants. Si des magistrats les condamnent, ces magistrats sont dénoncés au mépris et à la haine des citoyens.

Des députés interpellent le gouvernement, et les plus
raisonnables demandent tout au moins l'amnistie pour
ces gens qui ont commis en bande des délits ou des
crimes.

Nous répondons, nous, que le refus du travail ne
confère pas plus de droits à mille individus qu'à un
seul.

Un syndicat est une addition d'individus, mais cette
association ne leur confère pas de droits autres que
ceux qu'ils avaient comme individus.

Ce qui est interdit à un seul n'est pas permis à
plusieurs.

La puissance publique n'appartient à aucun particulier, et parce que des individus sont réunis, sont
attroupés par une circonstance quelconque, ou associés, ils n'ont pas plus de droits qu'ils n'en auraient
isolément.

C'est le principe qu'a voulu énoncer la constitution
du 3 septembre 1791 dans l'article 1er du titre III.

« La souveraineté est une, indivisible, inaliénable
et imprescriptible. Elle appartient à la nation. Aucune
section du peuple ni aucun individu ne peut s'en
attribuer l'exercice. »

On peut trouver la forme de cet article métaphysique ; mais le principe n'en reste pas moins solide.
En fait, il aboutit à ceci : — Des individus ou des
groupes ne peuvent s'arroger des droits ou pouvoirs
qui ne leur sont pas régulièrement conférés par la loi.

Nul n'a le droit de se substituer à l'action publique pour faire de la police privée et de la répression privée, selon ses caprices, ses fantaisies, ses intérêts et ses passions.

D'après certains syndicataires et grévistes, un homme plus un homme égaleraient deux tyrans qui auraient le droit d'obliger un troisième à leur obéir. Ils peuvent évidemment contraindre ce troisième à leur obéir, s'ils sont les plus forts, comme un seul individu peut abuser de sa force à l'égard d'un autre plus faible. Cette violence, loin de conférer un droit, est la négation même du droit.

Si vous assassinez en bande, votre acte ne vous recommande pas plus au prix Montyon que si vous l'aviez commis isolément.

CHAPITRE V

Laissez faire.

La liberté individuelle et M. Clémenceau. — La guerre sociale en
douceur. — « Laissez faire! » — « Ne provoquez pas. »

Ce ne sont pas seulement les vrais socialistes qui
oublient ce principe, sans lequel il n'y a de sécurité
pour personne; mais des républicains qui leur sont associés de plus ou moins près et qui sont plus ou
moins reniés par eux, éprouvent le besoin, sans même
s'inquiéter des contradictions dans lesquelles ils tombent, de partager et de propager le préjugé que la qualité de syndicataire ou de gréviste donne le droit à
des individus de commettre des crimes et des délits.

Ainsi, M. Clémenceau, dans son rapport sur la grève
d'Anzin, en 1884, dit : « L'essence même du régime
républicain, c'est de donner à tous la liberté en ré-
primant les atteintes au droit individuel. »

Par conséquent, M. Clémenceau devrait être aussi
ennemi que moi de la tyrannie des syndicats et des
procédés de boycottage employés par les grévistes à

l'égard des camarades suspects de vouloir travailler.

Pas du tout. M. Clémenceau, à chaque grève, s'est indigné de ce que le gouvernement s'avisât de protéger les ventilateurs et les pompes contre les projets de destruction, hautement manifestés par les grévistes, et essayât d'empêcher ceux-ci de maltraiter et d'assommer tout à l'aise les camarades suspects de tiédeur.

Le 6 octobre 1893, M. Baudin prêche la grève générale et télégraphie à la réunion de la Maison du peuple : « Organisez-vous, car ce n'est que par la force et la terreur que vous obtiendrez quelque chose des gouvernants. »

Puis les compagnons Brunet et Georges disent que la seule guerre à faire n'est pas celle que rêvent les gouvernants, de peuple à peuple, mais bien celle que doivent prêcher tous les socialistes de toutes les nations « d'ouvriers à patrons, de gouvernés à gouvernants ».

La dépêche étant authentique, ces paroles étant entendues de tout le monde, des gens aimables, comme Tony Révillon, d'autres qui posent pour d'habiles politiques, s'empressent de dire :

— Que parlez-vous de guerre sociale? Baudin est un agneau en dépit de sa barbe de bison. Turot n'a été arrêté que parce qu'il a voulu sauver un enfant. Si les compagnons Brunet et Georges disent que « la guerre à faire est celle d'ouvriers à patrons, de gouvernés à gouvernants », nous vous assurons que c'est par patriotisme ! Seulement vous ne voulez pas comprendre et vous vous entêtez à les provoquer.

Et alors Henry Maret arrive et dit :

— C'est bien simple. Laissez faire Baudin, les compagnons Brunet et Georges! Il n'y aura pas de questions.

Vraiment! et s'ils assomment les camarades qui voudraient travailler, ce n'est pas une question, cela? et s'ils tiennnent les corons sous la terreur, s'ils brisent les vitres des habitations de ceux qui ne veulent pas être leurs hommes-liges, s'ils blessent leurs femmes à coups de pierres, s'ils vont arracher les hommes de chez eux pour les promener dans un charivari agrémenté de coups, ce n'est pas une question, cela? Ils s'amusent, les braves gens!

— Laissez-les faire, dit Henry Maret.

— Ne les provoquez pas, dit Tony Révillon.

Que pensent de ce « laissez-faire » les femmes insultées, frappées et blessées, les hommes qui, suspects, parce qu'ils voudraient travailler, sont injuriés et maltraités? Le doux Henry Maret et le bienveillant Tony Révillon sont tout miel pour les agresseurs. Les victimes, ce sont ceux-ci, puisque les gendarmes et les soldats veulent les empêcher de se livrer à leurs exploits!

Ces néo-socialistes réservent leur bienveillance pour ceux qui frappent et leur malveillance pour ceux qui empêchent de frapper.

Henry Maret et Tony Révillon me disent en chœur :

— Comment! vous, économiste, osez-vous protester? Est-ce que vous n'avez pas pour devise le mot de Gournay: « Laissez faire »? Eh bien! laissez faire ces braves grévistes. Ne les empêchez pas d'assommer, de tuer au besoin, de détruire! Il n'y aura pas de question!

Maret se trompe, en s'imaginant que les économistes

ont jamais compris de cette manière le principe du
« laissez-faire ».

Ce que Gournay a entendu par ces mots, c'est l'invitation à l'État, aux corporations et aux jurandes de
laisser travailler, comme bon lui semblerait, selon sa
volonté personnelle, chaque individu ; et le « laissez-
faire » qu'entendent Henry Maret et Tony Révillon,
c'est le droit pour des hommes audacieux et violents
d'empêcher de travailler les autres où, quand et
comme cela leur convient ; c'est le droit aux Baudin,
aux Basly, aux Lamendin de dire à des hommes :

— Tu ne travailleras pas, parce que tel est mon
bon plaisir !

Non, les économistes ne veulent point « laisser
passer » les fantaisies de ce genre. Ils considèrent que,
loin de représenter la liberté, elles constituent la plus
monstrueuse des tyrannies.

Ils considèrent que, loin de supprimer les questions,
les procédés des meneurs de grèves posent celle-ci :

— Que deviennent la loi, la sécurité, la liberté individuelle, dans un pays où, pendant un certain temps,
sur une partie de son territoire, des citoyens paisi-
bles peuvent être en butte aux outrages et aux violences, s'ils sont suspects du désir de travailler ?

CHAPITRE VI

La sécurité mise à prix.

'M. Millerand et le Ministre de l'Intérieur. — « Débarbouillez-
vous! » — Le marchandage du Ministre et des Compagnies. —
— Service public devenant propriété privée. — La sécurité,
chose commune et indivise. — Devoir du gouvernement ou
abdication.

La *Petite République* du 18 octobre publiait le récit
suivant d'une démarche de M. Millerand auprès de
M. Dupuy, président du Conseil des ministres, Ministre de l'Intérieur :

« M. Millerand a été reçu à quatre heures, par M. Dupuy.
« M. Dupuy a répondu à M. Millerand qu'il ne croyait
pouvoir, sous aucune forme, insister près des Compagnies
pour leur faire accepter un arbitrage, et qu'il se borne-
rait à maintenir les instructions déjà données.
« Nous enregistrons, sans en être surpris, les décisions
du gouvernement. Après avoir pris parti pour les Compagnies, en envoyant sur les lieux de la grève ses soldats et
ses gendarmes, il se refuse même à user de son autorité

pour obtenir d'elles la discussion contradictoire : la conduite est logique et la complicité patente. »

La conclusion de cette note indique la singulière
conception que les socialistes se font des devoirs de
l'État. Il est bon de l'enregistrer ; car, de deux choses
l'une : ou, si M. Millerand arrivait au pouvoir, il la
renierait, et alors ses amis d'aujourd'hui auraient le
droit de le lui reprocher ; ou il l'appliquerait, et alors
il érigerait l'anarchie en système.

J'admire l'inconscience avec laquelle les socialistes,
ayant même quelque instruction comme M. Millerand,
prudents, avisés, pensant aux retraites possibles,
comme lui, peuvent émettre des théories qui sont la
négation de tous les progrès du droit public.

Henry Maret avait exprimé la même idée d'une manière encore plus nette, en 1892, au moment de la
grève de Carmaux :

«Le gouvernement pourrait dire à la Compagnie : Vous
prétendez que je ne peux vous forcer à rien ; soit. Mais
vous, vous ne pouvez pas me forcer à vous protéger.
Débarbouillez-vous ! »

Ces gens s'imaginent donc que la sécurité doit être
l'objet d'un marchandage entre le gouvernement et
ceux en faveur de qui elle s'exerce ? Le Ministre mettrait à prix le concours de la force publique ? Il dirait
aux directeurs des houillères :

— Donnez 1 fr. 50 de plus par benne de charbon,
ou bien, non seulement je n'envoie pas un soldat, mais

pendant que les grévistes menacent de tout briser
et de tuer les camarades qui voudraient travailler,
j'ordonne aux gendarmes de ne pas mettre le nez à la
fenêtre de leur gendarmerie, et je donne congé aux
commissaires de police pour qu'ils aillent faire un
voyage d'agrément.

— Mais 1 fr. 50! C'est la ruine absolue. Impossible.

— Eh bien ! mettons 0,75.

— Ce n'est pas possible.

— C'est mon dernier mot. Si vous ne cédez pas, ni
commissaires de police, ni gendarmes, ni troupes.
Débarbouillez-vous, comme l'a dit Maret.

Pour conclusion à ce marché, les directeurs de
houillères seraient en droit d'ajouter :

— Et combien, monsieur le Ministre demande-t-il
pour son compte personnel ?

Ce n'est pas encore tant les ventilateurs et les machines qu'il est nécessaire de protéger que les mineurs
qui voudraient travailler, et qui ne le peuvent pas,
mais qui par cela même qu'ils sont suspects de tiédeur, sont en butte à toutes sortes de vexations et
de mauvais traitements. Faudra-t-il que le malheureux, exposé à être battu, blessé, peut-être tué, paye
pour se faire garder?

Cette mise à prix de la sécurité a existé sous la
féodalité, quand les services publics étaient consi-
dérés comme des propriétés privées. Elle y a même
survécu sous l'ancien régime. On dit qu'il y a des
fonctionnaires qui n'ont pas complètement abandonné
ce système en Espagne et en Italie. Il se pratique
encore dans certains pays de l'Orient et chez les peu-

plades africaines. L'individu doit payer pour être protégé. S'il ne paie pas et qu'il lui arrive malheur, tant pis pour lui.

Ce que demandent M. Millerand et ses amis, c'est le retour à ces procédés barbares.

Je sais qu'ils répondront qu'il ne s'agit pas d'exiger des compagnies houillères de l'argent pour des ministres ou des fonctionnaires, mais pour des grévistes. Soit; mais le principe reste le même : c'est la mise à prix de la sécurité !

C'est la proclamation de cette théorie que nul n'a le droit d'être protégé que selon le bon plaisir de ceux, petits ou grands, qui détiennent la police.

D'après le système de MM. Millerand et Maret, un maire dans une commune pourrait dire aux gens qui ont le mauvais goût de lui faire de l'opposition :

— Tant pis pour vous, si vous êtes volés ou assommés. La police ne vous protégera que lorsque vous serez revenu à de meilleurs sentiments à mon égard.

Maret a quelquefois fait de l'opposition à des gouvernements. Je suppose que l'un d'eux lui eût dit :

— « Si vous êtes assommé un de ces soirs en revenant du théâtre et jeté dans la Seine du haut du pont des Saints-Pères, ne vous en prenez qu'à vous. Vous ne pouvez pas me forcer à vous protéger. Débarbouillez-vous dans la Seine. »

Je suis convaincu que Maret aurait trouvé le procédé détestable sous tous les rapports.

Il y a des individus qui voudraient vivre volontiers du bien d'autrui. D'après le système de Maret, on dirait aux riches qui ne voudraient pas leur permettre de vivre de fainéantise :

N   7

— Vous ne pouvez pas me forcer à vous protéger. Débarbouillez-vous.

Chaque fois que des ouvriers réclameront des augmentations de salaires ou des diminutions d'heures de travail, MM. Millerand et Maret diront avec tranquillité aux patrons :

— Tant pis pour vous, je recours à votre égard aux procédés de Ravachol. Cédez ou débarbouillez-vous.

Ce n'est pas une hypothèse, car M. Millerand déclare lui-même avoir invité M. le président du Conseil à tenir ce langage.

— Exigez des compagnies qu'elles cèdent aux prétentions des grévistes ou retirez vos troupes. Sinon, je vous déclare complice !

Complice de quoi ? On est complice d'un crime ou d'un délit ; et voici le crime dont M. Millerand accuse le gouvernement.

Il se figure, ou plutôt il invite les naïfs à se figurer que les troupes, les commissaires de police, les gendarmes, les magistrats agissent pour le compte des compagnies, ont pour mission d'opprimer les grévistes, d'empêcher le triomphe de leurs demandes. Et M. Millerand voudrait qu'ils agissent pour le compte des grévistes. Mais si ces actes, dans le premier cas, avaient un tel caractère que M. Millerand crût devoir infliger la qualification de « complices » à ceux qui y participeraient, n'auraient-ils donc pas le même caractère dans l'alternative qu'il propose ?

Laissons de côté ces chicanes, cette terminologie venimeuse, et rappelons en deux mots les principes qui constituent la base du droit public de toutes les nations qui ne sont plus sous le régime féodal ou à la discrétion des pachas.

Quand des troupes, des commissaires de police, des gendarmes empêchent des grévistes de briser des ventilateurs, de briser des machines, d'assommer leurs camarades, ce n'est pas pour le compte de tel ou tel particulier, de telle ou telle compagnie, c'est dans un intérêt plus haut : celui de la sécurité.

J'apprends, puisque c'est nécessaire, à ces socialistes qui veulent fractionner la sécurité, en faire l'objet de contrats particuliers, que s'il est une chose commune et indivise, c'est elle.

Précisément parce qu'elle ne peut pas se morceler, parce que tous y sont également intéressés, parce qu'elle doit être répartie entre tous d'une manière uniforme, elle constitue la fonction primordiale de l'État. C'est un service public qu'un gouvernement doit à tous, qu'il ne marchande à personne.

Quand il ne le remplit pas, il abdique.

CHAPITRE VII

L'amnistie.

M. Ranc. — Contradiction d'un homme de gouvernement. — Les crimes en bandes. — Indulgence pour les criminels et mépris pour leurs victimes. — Désaveu des gendarmes. — Condamnation des magistrats.

Mais ce ne sont pas seulement M.Millerand, prisonnier du socialisme, MM. Henry Maret et Tony Révillon, socialistes fantaisistes, qui tiennent ce langage. M. Ranc, qui se prétend homme de gouvernement, qui réclame le titre d'autoritaire, a éprouvé le besoin, le 27 octobre 1893, au moment où, malgré tous les efforts des députés socialistes, la moitié des mineurs du Pas-de-Calais avait repris le travail, de se joindre à M.Millerand pour demander au gouvernement de faire comprendre aux compagnies « qu'elles devraient accepter un terrain de conciliation ». M. Ranc a le plus profond mépris pour les économistes. Je le conçois. Il n'a jamais étudié des questions économiques. Mais il devrait avoir quelque expérience politique, et en vertu de cette expérience il aurait dû savoir que les conseils qu'il donnait et qu'il appelait « politique d'apaisement », ne pouvaient avoir sur la grève que le résultat qu'aurait de l'huile jetée sur un feu près de s'éteindre.

M. Ranc, homme de gouvernement, ne devrait pas admettre que les syndicats, plus ou moins illégaux, pussent s'arroger le droit de légiférer, de décréter des interdictions de travailler, de frapper de pénalités ceux qui leur désobéiraient, de se livrer à des violences à l'égard des indépendants, de les maltraiter ainsi que leurs femmes et leurs enfants. Cependant, pour compléter sa première proposition, M. Ranc ne manquait pas de proposer l'amnistie !

M. Ranc est plein d'une douceur paternelle pour les gens qui assomment et d'indifférence pour les assommés.

M. Ranc, qui se dit homme de gouvernement, pense que le délit est en raison inverse du nombre de ceux qui le commettent ; s'ils n'étaient que cent grévistes, ils seraient encore coupables ; s'ils n'étaient que dix, on les laisserait se débrouiller avec la magistrature : mais pensez donc ! dans le Pas-de-Calais, ils ont été de gré ou de force 32.000 grévistes. Il y a eu des bandes, de véritables armées qui ont parcouru les routes, assiégé les corons, menacé les fosses. L'amnistie s'impose !

Le Code pénal considère que si des crimes ou délits sont commis en bande, c'est une circonstance aggravante ; M. Ranc, avec les socialistes, considère que c'est une circonstance si atténuante, qu'elle arrive à supprimer le crime ou le délit.

Non seulement M. Ranc et ceux qui, par sentimentalité irréfléchie, seraient disposés à le suivre, oublient les gens assommés, frappés, blessés, tenus sous le coup de la terreur par les meneurs de la grève, mais ils oublient le gendarme et le magistrat.

Le gouvernement dit aux gendarmes : « Empêchez de commettre des crimes et des délits, à vos risques et périls. Agissez avec douceur, mais énergie. Supportez les injures et même les coups avec placidité : et n'intervenez que pour empêcher les autres d'être malmenés, blessés ou tués. »

Puis, lorsque le gendarme a rempli, pendant un mois, des fonctions qui exigent à la fois, outre de la perspicacité, des vertus morales dignes de la canonisation, M. Ranc, qui se prétend un homme de gouvernement, arrive et réclame l'amnistie pour les individus qui se sont rendus coupables de crimes et de délits.

Est-ce pour que le gendarme voie les amnistiés lui rire au nez et les entendre lui dire : — « Ah! ah! mon bonhomme, ça n'était pas la peine de te gêner! Tu vois que nous sommes les plus forts. Ça t'apprendra pour la prochaine fois. »

En présence de toute amnistie de ce genre, Pandore essaye de lier ses idées et n'y arrive pas. Il est bien obligé de reconnaître qu'au fond les grévistes ont raison de dire qu'ils sont les plus forts. Puisque le gouvernement est avec eux, pourquoi Pandore serait-il contre eux?

Le procureur de la République a mis en mouvement la justice : il a eu le tort de croire que le Code pénal n'avait pas encore été abrogé complètement à l'égard des grévistes ; des magistrats l'ont appliqué. Ils ont eu cependant à subir de la part d'avocats-députés des violences et des menaces qui, dans d'autres conditions, entraîneraient la suspension des avocats qui les proféreraient. Pour résister à ces intimidations, il leur a fallu de la décision, du courage, la conviction qu'ils remplissaient leur devoir.

Alors M. Ranc s'adresse au gouvernement et au Parlement pour leur dire :

— Désavouez-les! Dites bien haut, proclamez que les grévistes sont au-dessus du Code pénal !

Pour faire cette proposition, M. Ranc n'attendait même pas que la grève fût complètement finie. Il saisissait le moment où la moitié des mineurs était rentrée. Il semblait vouloir encourager les autres à renouveler leurs procédés d'intimidation à l'égard de ceux qui voulaient travailler, et il disait naïvement : « Quel moment pourrait être mieux choisi? »

Il est vrai que M. Ranc étendait l'amnistie à tous, sans exception. Il la présentait « comme une mesure de clémence, d'oubli, d'effacement ». De la part de ceux qui l'accordent, oui, l'amnistie a ce caractère : de la part de ceux qui la reçoivent, nous n'avons pas vu que l'amnistie donnée aux condamnés de la Commune leur ait fait oublier ses beaux jours. Est-ce que, depuis qu'ils sont rentrés, la plupart n'ont pas sans cesse réclamé la revanche de la Commune ? M. Ranc n'en est pas à ignorer les manifestations qui se produisent, chaque année, le 28 mai, au Père-Lachaise.

Récemment encore, tandis que M. Réties protestait, comme rapporteur d'une commission au Conseil municipal de Paris, contre une proposition de donner à une partie de l'avenue de la République le nom de

Gambetta, ne demandait-il pas qu'on « prit en sérieuse considération » les propositions d'honorer certaines rues des noms de Théophile Ferré, Eugène Varlin, Jules Vallès et Duval, le général de la Commune?

Comment des hommes qui disent avoir quelque souci des principes du gouvernement ne s'aperçoivent-ils pas que de pareilles propositions ne peuvent avoir pour résultat que d'augmenter l'audace des socialistes dans les prochaines grèves, de livrer les ouvriers timides à l'oppression des violents; qu'elles semblent un désaveu de la gendarmerie, de l'armée et de la magistrature, soumises à des devoirs si pénibles pendant les grèves?

CHAPITRE VIII

Les vrais criminels.

Un savant. — Le Dr Letourneau. — Suppression du couvreur. — Suppression de la pêche à la sardine et à la morue. — Suppression de la houille. — Plus d'emballeurs. — Plus de matelas. — L'Etat et la céruse. — Le malade et le médecin. — Plus d'agriculture. — Nirvanà socialiste. — Pour conserver l'homme, le pétrifier.

Tandis que les grévistes qui menacent et assomment les gens tranquilles récoltent ces sympathies, des hommes fort sincères, non les premiers venus, demandent que le contrat de travail, de civil qu'il est, entre dans la législation criminelle. Non seulement M. Bovier-Lapierre voulait que tout patron qui refusait d'embaucher ou renvoyait un ouvrier, risquât la police correctionnelle, l'amende et la prison; mais un savant de mes amis, qui ne songe point à flatter les passions de certains électeurs pour chercher leurs votes, qui ne dit que ce qu'il pense et avec un désintéressement complet, considère que les patrons sont

7.

tous de grands criminels, à qui devrait être exclusivement réservé l'usage de la guillotine.

Le D^r Ch. Letourneau, à force d'étudier les civilisations collectivistes primitives, en est arrivé à croire
que le progrès doit nous y ramener; ce physiologiste
prend pour emblème du progrès le serpent qui se
mord la queue, cercle d'autant plus vicieux qu'il est
parfait.

Dans un de ses livres, bourrés de documents, ré-
pertoires inépuisables de faits, reliés par les considérations les plus suggestives, il en arrive à dire :

« Poignarder un homme, lui prendre sa bourse ou en
empoisonner un grand nombre dans des usines homicides
où l'on ne s'occupe que du prix de revient des objets fabriqués, ce sont là des actes parfaitement comparables.
Lequel des deux est le plus coupable? Ce n'est peut-être
pas le premier (1). »

Cette théorie pénale nous ramène directement
vers l'âge de la pierre brute. Elle mettrait les ouvriers
à l'abri de tout risque professionnel, car elle suppri-
merait radicalement tous ceux qui auraient voulu les
employer. Je me demande comment Letourneau osera
faire monter un couvreur sur son toit. Il peut avoir un
vertige. Le pied peut lui manquer. Il tombe. Letourneau, par l'appât d'un gain, a provoqué sa mort. Il en
est responsable, d'après sa théorie. S'il ne l'a pas
poignardé, il l'a assommé.

Comment un capitaliste de Douarnenez osera-t-il

---

1. Dr Letourneau, *l'Évolution politique*, p. 540.

fréter une barque à sardines ou un capitaliste de l'île
de Groix une barque à chalut? Pour l'ensemble du
Finistère, la longévité humaine est réduite à vingt-
huit ans, par suite des décès à la mer. Équiper un
bateau, c'est envoyer des hommes aux naufrages. Il
n'y a pas d'année où le banc de Terre-Neuve ou la
mer d'Islande ne dévorent quelque vie humaine.
L'armateur de Saint-Malo et de Dunkerque est donc
un criminel?

La mortalité accidentelle des mineurs, due beaucoup moins au grisou qu'aux éboulements, n'est que
du cinquième de celle des pêcheurs. Tout directeur de
mines est-il un criminel? et Letourneau supprime-t-il
de notre existence le charbon, comme il a déjà supprimé le maquereau, la sardine et la morue?

Il y a des charpentiers qui se donnent des coups
de hache, des emballeurs qui se scient les doigts,
des mécaniciens qui se laissent broyer un membre
par un engrenage : Letourneau va-t-il traiter comme
des criminels tout entrepreneur de charpente, tout
patron emballeur ou mécanicien?

Le cardage des matelas n'est pas très sain pour
les poumons. Letourneau condamne-t-il à mort la
femme qui, ayant l'audace de se charger de carder
les siens, prendra une aide ?

Si Letourneau pense à la céruse, il lui suffirait
d'aller en visiter une fabrique pour apprendre que
maintenant le broyage du carbonate de plomb se fait
dans l'huile et que les poussières dangereuses sont
supprimées.

Cependant il y a encore un consommateur qui
exige que la céruse lui soit livrée en poudre ; et ce

consommateur, c'est le gardien de l'hygiène, c'est la providence que Letourneau veut donner à chaque individu pour remplacer l'ancien manitou, c'est le dispensateur des peines, c'est l'État !

Si un entrepreneur de cardage de matelas est plus coupable que le meurtrier qui poignarde le passant pour lui voler sa bourse, de même n'est-il donc pas coupable le parent du malade atteint de diphtérie qui appelle un médecin à son chevet ? En échange d'un salaire de quelques francs, il lui demande de venir s'exposer à un terrible danger ; non seulement, en sortant de cette chambre, le médecin peut emporter des germes de mort pour lui, mais encore pour les siens. Letourneau, qui est médecin, a-t-il pensé à ce cas ? S'il est logique, le parent du malade et le malade sont des assassins ; et ils doivent être frappés de mort avant de perpétrer leurs exécrables forfaits.

Si Letourneau veut supprimer toutes les professions qui ne sont pas destinées à produire des centenaires, quelle est celle qui restera ? L'agriculture ? la profession qui compte le plus d'accidents est celle de charretier. Le laboureur, tantôt les pieds dans la boue, tantôt la tête au soleil, est sujet à toutes sortes d'accidents pulmonaires, à des congestions cérébrales, à des rhumatismes. La mortalité la plus forte par profession constatée en Angleterre, où cette statistique a été mieux établie qu'en France, est pour les garçons de café et d'hôtel de 25 à 65 ans, de plus de 34 par 1.000, tandis qu'elle n'est que de 14.6 pour les couvreurs, de 13.8 pour les ouvriers mineurs, et de 8 1/2 pour les ecclésiastiques (1). Les maîtres de café

1. Voir de Foville, *la France économique.*

et d'hôtel sont donc pour Letourneau des criminels qui doivent périr sur l'échafaud comme d'affreux assassins, et il ne tolérera que la profession d'ecclésiastique ?

La vérité, c'est que nous mourons tous du métier qui nous fait vivre. Est-ce que les hommes de lettres ne courent pas des accidents ? Est-ce que les savants ne risquent pas à tout instant leur vie dans leurs recherches ? Pasteur a été frappé d'hémiplégie en 1868 à la suite de ses longues séances micrographiques dans les magnaneries. Laborde et d'Arsonval ont subi des accidents toxiques dans leurs laboratoires.

Letourneau en arriverait à supprimer la chimie. L'abus de la lecture use les yeux; donc suppression des livres et des lumières.

Toute théorie socialiste aboutit au nirvanâ, à l'anéantissement de l'action humaine.

Pour conserver l'homme, il faut le pétrifier.

CHAPITRE IX

L'ouvrier, le patron et le consommateur.

Le but des socialistes. — La loi à leur profit et au détriment du patron. — Qu'est-ce que le patron? — Erreurs des socialistes. — *Le patron ne produit pas pour lui, mais pour ses clients.* — Le travail pour le travail. — Le patron est un intermédiaire. — « Rapports du capital et du travail » : expression erronée. — Conséquence de cette erreur. — Rôle du capital. — C'est une garantie. — Le volant du mécanisme économique. — Le tampon. — Pourquoi un tel est-il patron ? — Le capital personnel. — La situation du patron. — Trois pressions : le commanditaire, l'ouvrier, le consommateur. — Le consommateur obligatoire. — Ouvriers et patrons dépendent du consommateur. — Ils dépendent de son bon plaisir. — Le minimum de prix. — La consommation obligatoire.

Les socialistes proclament qu'il n'y a pour eux ni droit, ni loi, ni justice, et entendent mettre toutes les ressources légales, financières, administratives de l'État, des départements et des communes au service de leurs amis et de leurs inféodés, d'une minorité turbulente et aveugle, contre tous les chefs d'atelier, patrons, propriétaires petits et grands.

À la place de la loi égale pour tous, ils veulent la loi faite à leur profit et au détriment des patrons.

Mais qui sont les patrons ?

Les socialistes se figurent que ce sont des gens qui demandent ou refusent du travail selon leur bon plaisir, leur bonne ou méchante humeur, pour être agréables ou jouer de mauvais tours aux ouvriers, selon leurs lubies.

Ils se figurent que les patrons ont des caisses pleines d'or dans lesquelles ils n'ont qu'à puiser pour payer leurs ouvriers.

Ils s'imaginent que cet or est la propriété du patron : plus il en a, plus il peut les payer cher.

S'il n'augmente pas leurs salaires, c'est qu'il ne le veut pas.

Tant que les ouvriers auront ces notions économiques, ils considéreront le patron comme un adversaire, un tyran, une sorte de Caligula.

Cependant il leur suffirait d'ouvrir les yeux, de voir ce qui se passe autour d'eux et de réfléchir quelques minutes pour se rendre compte de quelques faits, partout les mêmes.

Un patron fabrique de la céruse. Si cette fabrication est malsaine pour ses ouvriers, elle est malsaine aussi pour lui; car il fréquente ses ateliers. Ce n'est pas pour son plaisir qu'il fait de la céruse. Il n'en dépense pas dix kilos par an. Il ne s'en sert pas. Pourquoi donc en fait-il ? C'est que des clients en ont besoin.

Ce n'est pas pour son usage personnel qu'un patron fabrique dans le centre de la France des plaques destinées au blindage des vaisseaux. Et le producteur de coton, de drap, fait des produits dont il ne pourrait consommer la dix-millième, la cent-millième, la millionième partie. Ces produits sont donc destinés à d'autres.

Le patron n'est pas un amateur qui fait du travail, pour du travail. En matière industrielle, la théorie de l'art pour l'art n'a jamais eu d'adeptes.

Le patron n'est qu'un intermédiaire entre : 1° des vendeurs de matières premières et de travail ; 2° des acheteurs de produits ou de services.

Socialistes, députés, journalistes, ministres et même économistes répètent volontiers : « Rapports du capital et du travail. »

Veulent-ils dire que c'est le capital qui achète le travail ?

— Oui.

Alors vous voyez la conséquence. L'ouvrier peut demander des salaires élevés proportionnellement au capital qui achète son travail. Plus le capital est gros, plus les salaires peuvent être élevés. Un millionnaire doit payer en proportion de sa fortune.

Tous les jours, à propos d'une grève, vous entendez des gens parlant des patrons dire : « Ils sont riches : ils pourraient bien donner satisfaction aux ouvriers. » Ils ne réfléchissent pas que si les salaires étaient prélevés sur le capital, ce capital serait vite épuisé.

Dans une affaire industrielle, le capital joue un rôle pour le premier établissement et, le plus souvent, un rôle de garantie.

Mais pour amortir son usine presque toujours établie à l'aide d'emprunts, l'industriel compte sur la vente de ses produits ; pour payer sa matière première, il compte sur la vente de ses produits ; pour payer ses ouvriers, il compte sur la vente de ses produits. Ce sont donc les clients qui payent les ouvriers : le rôle du patron est de trouver des gens qui veuillent bien consentir à les payer, en échange d'un produit ou d'un service, puis d'opérer les recouvrements et le service de caisse entre les clients et les ouvriers. Les patrons font l'avance des salaires, les rentrées étant habituellement en retard sur la paie des ouvriers : ils reçoivent d'une main et reversent de l'autre. Quant au capital initial, ce n'est qu'une assurance contre les risques provenant de trois causes : la fermeture où le rétrécissement des débouchés, la baisse des prix, le non-payement des clients.

Dans les moments de dépression, où la clientèle diminue, le capital maintient les salaires, tandis qu'autrement l'usine devrait fermer et les salaires disparaître. Il est un assureur et un régulateur : Il est le volant indispensable pour prévenir les écarts de vitesse du mécanisme économique, la force qui le meut et la résistance à surmonter n'étant pas constantes.

Le capital de l'industriel est le tampon qui existe entre le produit et le client. Comme tous les tampons, il doit amortir les chocs, mais aussi il les subit, et quand il est trop faible pour y résister, il est écrasé. Cet écrasement quotidien s'appelle la faillite.

— Mais, me dira un socialiste, si le patron n'est qu'un intermédiaire, pourquoi un tel est-il plutôt patron que moi, si ce n'est parce qu'il a un capital?

— Pas toujours. Un tel est patron parce qu'il a su

organiser un atelier, une usine, prendre la direction
d'une affaire, avoir plus d'initiative que toi.

— Et aussi parce qu'il a un capital ?

— Ce capital a pu lui être utile comme garantie à
l'égard de ceux à qui il demandait du crédit, à l'égard
de ceux à qui il s'engageait à faire des livraisons.
Mais dans la grande industrie, le capital personnel
joue un rôle de moins en moins important. Il n'y a
pas de fortune privée qui puisse construire un chemin de fer. Bien peu de grandes usines sont la propriété d'un seul individu. On peut considérer aujour-
d'hui que dans la plupart des grandes affaires le
capital personnel des hommes qui les dirigent ne joue
qu'un rôle très secondaire.

Voici la situation du patron qui n'agit pas exclusivement avec ses capitaux personnels, quelque nom
qu'il porte, directeur d'usine, président d'un Conseil
d'administration, gérant d'une Société par actions anonyme ou en nom collectif à son égard ou en comman-
dite.

Le commanditaire demandant des bénéfices, l'ouvrier
des salaires toujours plus élevés et le consommateur des
produits toujours à meilleur marché, toutes ces pressions convergent sur lui, mais d'une manière inégale.

Le commanditaire veut, avant tout, de la sécurité.
Quant aux bénéfices, il les cherche par deux moyens :
un meilleur aménagement de l'industrie, un outillage plus perfectionné, des approvisionnements
dans les meilleures conditions, le développement de
ses débouchés, en vertu de cette règle que le bénéfice
peut être réduit sur chaque objet presque indéfiniment si la vente est illimitée.

Le commanditaire est poltron, timide, a peur pour son capital, voudrait bien lui faire rapporter de gros bénéfices sans lui faire courir de gros risques ; mais il est embarqué dans le même bateau que le patron : et pourvu qu'il ait confiance dans son pilote, celui-ci peut s'entendre avec lui.

Quant à l'ouvrier, s'il est imbu de bonnes doctrines socialistes, il traite le patron de voleur et de criminel, quelquefois en fait justice directement, demande que tous les pouvoirs publics se mettent contre lui et le punissent de son imprudence d'avoir voulu servir d'intermédiaire entre lui et les consommateurs.

Il réclame un minimum de salaire, un maximum d'heures de travail : et si le patron lui répond : — « Ce n'est pas possible. Vos exigences me forceraient à fermer mon usine ou ma manufacture, je serais ruiné, mais en seriez-vous plus avancé, si j'étais obligé de vous congédier? » il refuse de comprendre, il l'accuse de mauvaise volonté. Le patron aurait beau montrer aux chefs socialistes qu'il suffit d'un écart de 0 fr. 25 par jour répartis sur mille ouvriers par exemple, soit 250 fr. par jour, pour transformer une affaire prospère en une affaire désastreuse: ils refusent de comprendre. Ils croient que le patron peut fixer les salaires à son gré. Des docteurs socialistes l'affirment, les néo-unionistes anglais déclarent que « c'est aux salaires à fixer le prix de vente de la chose et non au prix de vente de fixer le taux des salaires. » Par conséquent, vous, patron, donnez-nous le prix que nous vous demandons. Si vous ne le donnez pas, c'est vous que nous rendons responsable.

—Et s'il y a du chômage?

— Le chômage? un mot inventé par le patron pour embêter les ouvriers.

— Est-ce que vous voulez le consommateur obligatoire?

— Le consommateur? connais pas! répond l'ouvrier socialiste.

Et il refuse énergiquement de connaître celui dont il dépend exclusivement, comme en dépend son patron.

Cependant du moment que ce sont les clients qui paient le salaire, ce sont eux qui en déterminent le taux.

Le produit est-il trop cher? ils en consomment moins ; n'est-il plus à leur goût? ils y renoncent : est-il plus cher qu'un équivalent ou un concurrent? ils l'abandonnent; n'est-il pas en rapport avec leurs ressources ? ils s'en abstiennent ; et les socialistes pourront récriminer, s'indigner, menacer de la grève, faire grève, ils ne ramèneront pas le client dont la grève silencieuse est d'une efficacité implacable. Quand il fait le vide, ni patrons ni ouvriers ne résistent.

Le consommateur n'a aucune obligation envers ses fournisseurs. Il achète aujourd'hui à tel ou tel, tel ou tel produit, parce que tel est son bon plaisir. Aujourd'hui, telle mode enrichira telle manufacture, telle région, tel métier. Demain, le consommateur y renoncera, sans que personne puisse lui en demander compte. Un caprice fait varier ses goûts et ses besoins. Une modification de prix, une nouvelle invention, le porte tantôt ici, tantôt là. C'est un être fuyant qu'on ne peut retenir que par des soins constants, en recherchant le moyen, non seulement de satisfaire,

mais de prévenir et même de provoquer ses désirs ;
et ce consommateur anonyme, indéfini, variable, c'est
le maître !

Qu'un socialiste lui dise :

« — Nous entendons que tu payes 50 là où tu
payais 20. »

Il répondra :

— Mais alors, si je paye 30 de plus à toi, je paye-
rai 30 de moins à un autre, car je n'ai que 50 à
dépenser.

— Non, tu payeras 30 de plus aussi au camarade.

— C'est impossible : car tes exigences ne multiplient
pas les francs dans mon porte-monnaie. Donc, les 30
que je te donne, je ne les donnerai pas à d'autres. Par
conséquent, c'est autant que tu enlèves à tes frères
d'une autre profession. Tu accapares pour toi, tu ne
laisses rien aux autres.

— Ah ! mais non ! j'entends que tu me payes plus
cher et que tu payes les camarades plus cher.

— Et que j'achète autant ?

— Naturellement.

— Jésus a multiplié les pains : fais le miracle de la
multiplication de mes ressources. En attendant, je te
laisse te débattre dans tes affirmations contradictoires.

— Nous t'obligerons bien !

— A quoi ? A acheter ?

— Oui.

— Et à payer ?

— Oui.

— Alors tu réclames la consommation obligatoire ?

— Pourquoi pas ?

— Avec un minimum de prix ?

— Oui.

— Le consommateur se trouverait facilement ; et pour presque tous les produits la violence serait douce. Mais qui lui fournirait des ressources ? Ce qui fait défaut, ce n'est pas le désir de consommer, mais le pouvoir de consommer : et je viens de te prouver que, loin de l'augmenter avec tes prétentions tu le diminues.

CHAPITRE X

Contre tous.

Le consommateur, c'est tout le monde. — Les grévistes demandent l'appui de tous au profit de quelques-uns contre tous. — Les socialistes contre tous.

Quel est ce tyran capricieux, ce maître du travail ? Qui ? Vous, moi, toi, nous, tout le monde.

Des ouvriers, des mineurs, se mettent en grève; ils demandent aux municipalités, à l'État, de les soutenir, de faire augmenter leurs salaires : des journalistes empressés, des députés, des hommes d'État, et même des ministres proposent de leur voter des subventions, demandent que les pouvoirs publics leur « fassent obtenir satisfaction ». Des souscriptions sont ouvertes et de braves gens y versent leur offrande.

Tout ce beau mouvement se résume dans ce discours simple et précis que tient le gréviste à tout le monde.

— Donnez-moi votre appui moral et matériel pour que je vous fasse payer plus cher mon produit.

Et, naïvement, quantité de consommateurs, qui
marchandent avec âpreté chaque objet qu'ils achè-
tent, subventionnent et soutiennent la conspiration
dirigée contre eux.

Le socialisme, c'est l'agression de certaines catégories de personnes contre l'universalité des autres personnes.

Les socialistes demandent à l'État de mettre à leur
disposition exclusive les forces et les ressources sociales qui doivent être employées pour l'utilité de tous.

CHAPITRE XI

Le droit au travail.

La consommation obligatoire et le droit au travail. — L'article 1er du programme socialiste suisse. — Que ferait l'État du produit du travail? — Contribution obligatoire. — Suppression du travail et droit au travail. — Le lapidaire et le terrassier.

L'ÉCONOMISTE. — Le droit au travail, c'est la consommation obligatoire.

LE SOCIALISTE. — Nous n'avons jamais demandé cela. Vous nous prêtez des absurdités pour vous donner le plaisir de les réfuter.

L'ÉCONOMISTE. — D'abord, je ne les réfute pas. je me borne à les constater. Mais les socialistes sont des gens à la fois effrontés et pudiques : effrontés dans leurs critiques, leurs affirmations, leurs promesses ; pudiques dans la discussion et l'exposé logique de leurs théories. Ils jettent des pierres à la Vérité quand elle essaye de sortir de son puits, et ils se couvrent les yeux de peur qu'elle ne les éblouisse.

— Et alors, socialistes, vous dites que vous n'exigez pas la consommation obligatoire ? Que demandaient donc vos pères de 1848 quand ils réclamaient avec

tant de passion l'inscription du Droit au travail dans
la Constitution de 1848? Ne dites pas que c'est une
vieillerie. Cet irrespect pour vos prédécesseurs serait
non seulement d'un mauvais exemple, mais il serait
injuste ; car les socialistes actuels y croient toujours :
n'en faisaient-ils pas, en Suisse, pour les élections du
29 octobre 1893, l'article 1er de leur programme?

— Mais le droit au travail n'est pas la consommation obligatoire.

— Comment ! alors que ferait l'État des produits
du travail qu'il aurait obtenus dans ses ateliers nationaux ? S'il ne trouvait pas de clients, les détrui-
rait-il? Si dans ses tentatives de vente il voulait
prendre pour base le tarif du salaire fixé par lui
et ne trouvait pas d'acheteurs à ce prix, parferait-il
la différence ? Si oui, il donnerait une prime à ses
clients aux dépens de qui, avec l'argent de qui ? des
contribuables qui, comme les consommateurs, sont
tout le monde.

Ce ne serait plus la consommation obligatoire,
mais ce serait la contribution obligatoire de tous au
profit de quelques-uns. Nous retrouvons là encore
une des formes de cette politique de privilège que
nous ne cessons de dénoncer.

Étranges conceptions! Voilà des socialistes qui,
par leurs exigences, leur attitude, leurs menaces,
leurs grèves, leurs actes font tout ce que peuvent imaginer des esprits dépravés et fertiles pour éloigner
les capitaux et les capacités de l'industrie. Par conséquent, tous leurs efforts convergent pour diminuer
le travail, abaisser les salaires, arriver à ce que deux
ouvriers courent après un patron, tandis qu'il fau-

drait que deux patrons courussent après un ouvrier.
Une fois arrivés ainsi à supprimer ou à raréfier le
travail libre et volontaire, ils veulent instituer le travail obligatoire. Ils s'acharnent à détruire une organisation naturelle pour la remplacer par une anarchie factice.

Ils veulent que l'État reconnaisse aux sans-travail
professionnels un droit d'action pour contraindre
« les autres » à leur fournir du travail.

Quels autres? — Ceux qui payeront probablement.
Ils payeront, mais quoi?

Le médecin demandera-t-il des dommages-intérêts à l'État s'il viole son droit au travail en ne
lui fournissant pas de malades? et l'avocat, s'il ne
lui fournit pas de clients? et le bijoutier, s'il ne lui
fait pas acheter ou n'achète pas des diamants et des
perles?

Le droit au travail? crois-tu qu'il consiste à donner
une pioche au bijoutier ou au ciseleur et à l'envoyer remuer de la terre? Est-ce qu'il est apte à ce
genre de travail? Et pourquoi remuer de la terre
aux dépens des contribuables constituerait-il plutôt
un droit au travail que celui de sertir des pierres
précieuses? pourquoi ce privilège au terrassier?

CHAPITRE XII

Le droit à la paresse.

Les mendiants bretons. — « Dieu vous le rendra! » —
M. Pablo Lafargue.

Mais soit : en dépit du programme suisse cette
revendication du « droit au travail » est vieillotte et
démodée. Elle a été remplacée par une autre plus sin-
cère.

Si vous êtes allé à un pardon en Bretagne, vous avez
vu des bandes de mendiants pouilleux, loqueteux, ayant
la conscience de leurs droits et de leur dignité. Elle
leur a été inspirée depuis des siècles par les habitudes d'aumône des couvents ; les chartreux d'Auray
donnaient, chaque mardi, un gros pain de seigle, par
tête, y compris les enfants à la mamelle. On allait le
quérir en famille, et la famille contractait l'habitude
de vagabonder sur les routes, de vivre à l'aventure, de
compter sur la grâce des bienfaits. Elle demandait l'aumône, comme une faveur ; peu à peu, elle finissait
par l'exiger comme un droit.

Maintenant les meneurs socialistes entendent que
« la société » leur donne. Ils ne disent plus même :
« — Dieu vous le rendra ! »

M. Pablo Lafargue a fait la théorie du mépris du
travail et du droit à la paresse.

La politique socialiste déclare qu'elle a pour objet
de l'assurer.

CHAPITRE XIII

La politique de « l'assiette au beurre ».

Les socialistes. — Les hommes de 89 n'auraient pas compris. — Les cahiers des États généraux. — Le cens de la Restauration et du gouvernement de Juillet. — Idéal de 1848. — La mort de Baudin. — L'idéal socialiste est un idéal de rapine. — Confiscation au profit des amis.

Ces arguments ne sont pas de nature à toucher les socialistes, car ils ont une manière simple de traiter les questions politiques. Ils réduisent la politique à une question d'intérêt personnel ou d'intérêt de groupes ou de classes. Pour eux, la politique est la conquête de « l'assiette au beurre ». Je crois bien que ce ne sont pas eux qui ont inventé cette abominable expression, mais les réactionnaires. En tous cas, ils en usent. J'avoue que, dans ma naïveté, la première fois que je l'ai entendue, je ne l'ai pas comprise. Pour moi, la possession du pouvoir doit avoir un tout autre caractère pour un parti ou pour un homme. Je suis convaincu qu'on aurait étrangement surpris la plupart des membres de l'Assemblée nationale de 1789, si on

leur avait dit que leur idéal était la conquête de
« l'assiette au beurre ».

Ils venaient précisément pour la briser, au profit de
cet idéal élevé et désintéressé qu'ils ont appelé et qui
continue de s'appeler les Droits de l'Homme.

Sous la féodalité, la politique du seigneur comme
du roi avait été la possession de l'assiette au beurre :
chacun voulait obtenir plus de terres et plus de droits
attachés à cette terre.

Quand le roi fut parvenu à devenir le plus puissant
des seigneurs et à se considérer comme le maître des
biens et des personnes de tous ses sujets, la politique
fut de pratiquer son culte de manière à en recevoir
le plus de faveurs possibles. Le courtisan de Versailles avait pour politique la possession de l'assiette
au beurre.

Mais nulle part on ne trouve dans les cahiers des
États généraux la préoccupation de faire passer
« l'assiette au beurre » de la noblesse ou du clergé
au tiers état. Ce qu'on demande, c'est la suppression
de tous privilèges, c'est la liberté, c'est l'égalité.

Le pouvoir, on le demande pour « la nation ». Mais
qu'entend-on par cette entité ? C'est qu'il ne soit plus
confiné dans des castes, c'est que tous les citoyens,
sans exception, aient le droit d'y participer sans
autre distinction entre eux que celles qui proviennent
des capacités.

Ce sont ces principes qui se sont maintenus pendant toute la durée de la Révolution et je dirai sous
l'Empire, alors même que l'homme qui voulait parvenir devait faire en sorte de gagner les faveurs de
l'empereur. Mais dans la conception de son abso-

lutisme, Napoléon incarnait la France ; et quand ses officiers et ses soldats se faisaient tuer sur les champs de bataille, en criant : Vive l'empereur ! il y avait autre chose dans leur dévouement que la conquête de « l'assiette au beurre ».

L'établissement du cens sous la Restauration et le gouvernement de Juillet eut le grand inconvénient de faire une caste de gouvernants, de séparer la nation en deux : le pays légal et le pays extralégal. Dire que le pays légal, que les Chambres de la Restauration et de Louis-Philippe n'ont gouverné qu'à leur profit, c'est commettre une exagération ; mais il est évident que, ne fût-ce que par leur politique protectionniste, par la part prépondérante qu'ils ont donnée aux contributions indirectes dans notre fiscalité, par leur résistance à l'adjonction des capacités, ils ont autorisé de croire qu'ils représentaient, non les intérêts généraux de la nation, mais les intérêts d'une classe, la classe des grands propriétaires et des gros industriels.

Les hommes de 1848 poursuivirent un idéal de justice mystique, mais très élevé. Ni Lamartine ni Ledru-Rollin n'auraient compris la locution politique dont il est question ici.

Même, dans leurs erreurs, ce qu'ils poursuivaient, c'était plus de justice. Ils n'en excluaient personne. Leurs paroles portaient la paix. Ils avaient des effusions d'amour pour tous, sans exception. Les communistes eux-mêmes, les plus farouches adversaires de la propriété, les socialistes, les partageux, Louis Blanc au Luxembourg, déclaraient qu'ils voulaient le bonheur universel, et ils n'en excluaient même pas les propriétaires qu'ils voulaient dépouiller.

Sous le second Empire, les privilèges du pouvoir furent donnés à ceux qui étaient dévoués à ce régime jusqu'à la complicité. Mais ce serait injuste de dire que tous ceux qui y ont collaboré n'ont travaillé que pour « la possession de l'assiette au beurre », et cependant elle était large et abondante.

Quand nous, républicains, nous combattions l'Empire, c'était au nom de la justice qu'il avait si brutalement violée à son origine ; c'était au nom de la liberté politique, qu'il avait méconnue pendant si longtemps et qu'il accordait ensuite de mauvaise grâce, comme avec l'arrière-pensée de la reprendre ; c'étaient enfin certaines illusions qui faisaient croire, même à ceux qui, comme moi, essayaient déjà d'introduire les procédés de la méthode scientifique dans la politique, que, sous la République, les haines des anciens partis devaient s'évanouir et que tous les citoyens pourraient collaborer plus intimement à développer l'application des principes de 89 dans le sens d'une plus large liberté et d'une plus grande égalité.

Mais les Républicains qui, pendant les dix-huit années de l'Empire, se sont tenus éloignés du pouvoir ; ceux qui ont risqué, contre le coup d'État, les rigueurs de la déportation ; ceux qui, par leur opposition, s'étaient exposés à devenir victimes de la loi de sûreté générale, étaient poussés par d'autres mobiles que la conquête de « l'assiette au beurre ». Baudin avait dit simplement à un de ceux qui croyaient que les députés républicains protestaient contre le 2 décembre pour défendre leur indemnité parlementaire :
— « Vous allez voir comment on meurt pour 25 fr. ! »

Et il était mort.

Mais aucun des chefs du socialisme n'aurait réclamé l'honneur d'avoir adressé à Baudin l'injure qui lui valut cette réponse d'un héroïsme si simple. Quant aux républicains, même depuis la guerre, beaucoup, pendant longtemps, protestaient qu'ils ne voulaient pas le pouvoir. Ils faisaient de la politique pour la politique, sans même se rendre compte que ce désintéressement impliquait l'absence de responsabilité. Ce fut Gambetta qui, audacieusement, brisa cette tradition républicaine et déclara que les républicains, se considérant comme capables d'exercer le pouvoir, devaient essayer de le posséder. Mais si Gambetta avait dit aussi : « On ne gouverne qu'avec un parti », il n'avait pas dit : — « On ne doit gouverner qu'au profit d'un parti. » S'il avait montré l'avènement des nouvelles couches sociales à la vie politique, il n'avait pas dit que la politique dût être faite exclusivement à leur bénéfice.

Il était réservé aux socialistes de rapporter d'Allemagne leur conception du parti ouvrier, de dire hautement qu'il devait se constituer à part dans la nation dans un but de spoliation, et de faire la théorie de la politique de « l'assiette au beurre ». Un idéaliste mystique, M. Benoît Malon, l'a traitée à maintes reprises, entre autres dans son livre : *le Nouveau parti* (1881).

Il pose en fait que « les partis politiques n'agissent qu'en vue de garantir leurs privilèges aux possédants ». Partant de cette prémisse si simple, il conclut que le parti ouvrier doit s'organiser pour les leur enlever. C'est la théorie de la guerre sociale.

Rome faisait des conquêtes pour exploiter les vaincus. Les Francs ont fait des conquêtes pour exploiter les vaincus. Cette conception sociale se retrouve à travers toute l'histoire, et elle existe encore dans notre civilisation contemporaine, et les peuples l'avouent d'autant plus qu'ils sont moins avancés en évolution.

Le parti ouvrier veut prendre pour lui les propriétés existant dans la nation et constituer à l'état de serfs ceux qui les possèdent aujourd'hui, en se servant de l'oppression du vote, s'il peut y arriver par ce moyen, ou du fusil et de la dynamite, si les gens qu'il veut dépouiller ont le mauvais goût de ne pas se laisser faire avec résignation.

Le droit, la justice, la liberté, l'égalité, autant de mots que les socialistes méprisent profondément. Quand ils se servent de ce terme : « affranchissement du travailleur », ils entendent : — « confiscation au profit de nous et de nos amis ». Ils ne disent pas où commencent et où finissent leurs amitiés. Ils ne précisent pas davantage l'usage qu'ils feront des choses confisquées. Attila, Gengis-Kan, Tamerlan commençaient par conquérir et détruire. Le parti ouvrier pratique considère aussi qu'il doit commencer par conquérir et détruire. Ses chefs lui disent : — Marchez ! Vous êtes le nombre, vous êtes la force !

En quoi ils s'illusionnent, du reste.

CHAPITRE XIV

Le bonheur obligatoire.

Bonheur commun.» — Qu'est-ce?... — « La fortune ne fait pas
le bonheur. » — Entités. — Deux hommes. — Robespierre. —
Toute loi a une action coercitive. — Théorie rétrograde. —
Conception du gouvernement paternel. — La force comme
moyen.

Les plus timides rappellent l'article 1ᵉʳ de la Déclaration de 1793 : — « Le but de la société est le
bonheur commun. »

Le bonheur commun ! qu'est-ce ? Est-ce là la poule
au pot hebdomadaire de Henri IV? Beaucoup de ceux
qui réclament « le bonheur commun » la trouve-
raient bien maigre.

Est-ce une répartition de fortunes entre tous? Mais
pour qu'il y ait répartition de richesses, il faut qu'il
y ait d'abord de la richesse: on ne répartit pas zéro;
et comment la richesse est-elle produite?

Un proverbe dit : « La richesse ne fait pas le bonheur. » Il est vrai qu'on y ajoute: « Mais elle y contri-
bue. » C'est exact. Mais une fois les premiers besoins

satisfaits, le bonheur dépend de nos nerfs. Un lypé-
maniaque peut être riche ou roi. Louis de Ba-
vière rêvait d'imiter Louis XIV, mais dans la soli-
tude dont le grand roi n'a jamais joui une seconde.

Un individu de tempérament sanguin, ayant bon
estomac, bon pied, bonnes dents, bon œil, et sans un
sou, sera plus heureux qu'un millionnaire dyspepsique.

Tel piéton, trottinant sous la pluie et dans la boue,
envie la voiture qui passe : tous les médecins des
grands quartiers de Paris lui apprendront que c'est un
instrument excellent pour conduire rapidement à la
tombe, où la richesse est indifférente, son heureux possesseur à travers des troubles nerveux, des attaques
d'apoplexie, la goutte, la gravelle et quelques autres
maladies qui le soumettent à des tortures aussi
cruelles et plus raffinées que celles imaginées par Dante.

Des hommes qui ont joué un rôle politique, même
important, disent : — « Prenez garde ! le peuple se désaf-
fectionne de la République. Elle n'a rien fait pour lui :
voilà pourquoi il a cru à Boulanger et maintenant il
croit au socialisme. »

Le peuple ! d'abord, il ne faut pas généraliser, car
si Boulanger a eu la majorité à Paris, comme les socialistes, cette majorité ne représente pas l'universalité de la France.

Mais que s'imaginent-ils donc que la République
puisse faire pour « le peuple » ? Elle lui a donné des
libertés, dont beaucoup font mauvais usage ; elle a
assuré l'instruction à quiconque veut en profiter ;
elle a donné l'égalité à tous devant le service militaire.

Au point de vue fiscal, au point de vue de la légis-

9

lation civile et criminelle, elle a encore de nombreuses réformes à accomplir; mais ces hommes politiques veulent-ils dire que la République doive assurer le bonheur de chacun? Et comment s'y prendrait-elle?

La République est une entité plus limitée que la société; mais c'est une entité qui n'a pas d'action propre. C'est donc un homme ou plusieurs hommes qui viendront dire à chaque personne, homme ou femme :

— Je me charge de ton bonheur. Du moment que je m'en charge, c'est que je l'entends mieux que toi. Au lieu de te laisser le faire toi-même, je vais te l'imposer.

L'inquisiteur, pour faire le bonheur des infidèles et des hérétiques, les envoyait dans les prisons du Saint-Office, les soumettait à des tortures savantes, et les expédiait au ciel à travers les flammes et la fumée des bûchers. Le Comité de Salut public, pour faire « le bonheur commun », envoyait tous les jours des fournées de gens à la guillotine.

Robespierre et ses amis ne cessaient de répéter que « leurs intentions étaient pures », et ils faisaient étalage de « leur sensibilité ». Quand nos farouches socialistes révolutionnaires veulent organiser la fraternité, ils ne réfléchissent pas que toute loi a une sanction coercitive. S'ils veulent une fraternité légale, les fonctionnaires chargés de l'appliquer devront faire payer une amende ou envoyer en prison ceux qui ne la pratiqueront pas selon le rite imposé.

Les charlatans ou les naïfs qui croient que « la société » doit assurer « le bonheur commun » et prodiguer des alouettes toutes rôties à ceux qui en demandent, se prétendent « avancés. » Ils en sont à la société patriarcale, dans laquelle le chef de famille se chargeait du bonheur de sa femme, de ses enfants, de ses serviteurs, tous esclaves.

Ils en sont à la théorie de la monarchie absolue de droit divin, dans laquelle le roi, père et maître des personnes et des biens de ses sujets, se chargeait de leur bonheur, sans admettre qu'ils eussent le droit de s'occuper de leurs propres affaires.

La Révolution de 1789 a brisé ce système. La Convention a renoué cette tradition qui représente le socialisme actuel.

Robespierre a été l'incarnation de l'esprit de régression dans la Révolution. Louis Blanc, son apologiste, est un des pères du socialisme.

Les socialistes révolutionnaires ont beau crier qu'ils marchent en avant : — leur conception? c'est le gouvernement paternel, de tous le plus rétrograde ; leur moyen? c'est la force, de tous le plus primitif.

CHAPITRE XV

Le fétichisme des socialistes.

La société et les socialistes. — Qu'est-ce que la société? — Définition classique de l'infini. —.Les choses que je connais. —
*Plus mes conceptions s'écartent de mon individu, plus elles
deviennent vagues et indéterminées.* — Compétence. — Le
pouvoir ne donne pas une perfection morale. — L'infaillibilité
du Pape et l'infaillibilité socialiste. — La foi au roi. — « Le
boulanger, la boulangère et le petit mitron. » — Le droit divin
de la société. — Candidats bafoués et gouvernants infaillibles.
— Le fétichisme des socialistes libres-penseurs.

« Le but de la société est le bonheur commun, »
disait l'article 1er de la Déclaration de 1793. « Un
travail profitable à tous n'est possible que par la société », disent les socialistes allemands dans leur déclaration du Congrès de Gotha de 1875.

« L'alpha et l'omega du socialisme, c'est la transformation des capitaux privés de la concurrence en
un capital social unitaire, » dit A. Schœffle.

D'après M. Benoît Malon, l'article 1er du credo
commun des partis ouvriers allemand, belge, améri-

cain, est ainsi conçu : « Le travail pleinement pro-
ductif n'étant possible dans la société que par la société, les moyens de production appartiennent à la
société tout entière (1). »

Et tous les socialistes attribuent toutes les vertus et
tous les devoirs à « la société ».

Mais qu'est-ce que « la société tout entière » ?

Je me rappelle que la première fois que me tomba
entre les mains un traité de logique classique, je
trouvai la définition suivante de l'infini qu'on répète
encore de nos jours dans nos lycées (2) :

« Nous avons l'idée de l'infini. L'idée de l'infini ne
nous vient ni de nous-mêmes, ni à plus forte raison
de l'animal, ni de la plante. Ajoutez le fini au fini,
vous arriverez à concevoir l'indéfini, c'est-à-dire l'être
dont on ne voit pas les bornes, mais non l'infini, c'est-
à-dire, l'être sans bornes. »

Je faisais de mon mieux pour concevoir cet infini, je n'y arrivais pas. Je me demandais si je ne
constituais pas une monstrueuse exception à l'espèce
humaine : mais si je la constituais, c'était grave ; car
mon cas suffisait pour détruire la démonstration.

Je suis bien obligé d'avouer que, malgré tous mes
efforts, je n'ai pas encore une conception très nette
de l'infini. Pour moi, c'est le contraire du fini. Le
fini, je le sens, je le vois, je le subis, je l'éprouve tous
les jours, sous toutes les formes, à commencer par
ma personne ; mais l'infini me paraît vague.

J'ai sous les yeux une feuille de papier. Elle me pré-

1. *Le Nouveau parti*, p. 14.
2. J. Fabre, *Notions de philosophie*.

sente un objet fini, que je vois nettement et que je conçois nettement. Si on me dit que tel journal tire à un million d'exemplaires, je me fais difficilement une idée du tas de papier qu'en représentent les numéros.

La chambre que j'occupe habituellement, je la connais à peu près, quoique je ne sache pas bien exactement tous les objets qui se trouvent dans les armoires. La maison, je la connais moins ; j'avoue que je ne suis jamais monté sur le toit ni même descendu à la cave. Mon jardin, j'en connais les limites et m'en fais une idée d'autant plus nette qu'il est plus petit et que je puis l'embrasser d'un coup d'œil. Si j'ai un parc boisé, je m'en fais une idée moins précise. Ma propriété, je la connais à peu près. Les limites de ma commune sont indécises dans mon esprit. Quant à celles de mon département, il me faut une carte pour les concevoir, et je n'en saisis pas l'aspect. Quant à celles de la France, il me faut toute une étude pour les apprendre, et elles conservent dans mon esprit, ce caractère flou qu'a toute représentation d'objets qu'on ne connaît que par l'intermédiaire des livres et des atlas.

Ma personnalité, je ne la connais pas très bien ; mais enfin, j'ai des notions très nettes de certains besoins, respiration, faim, soif, sommeil ; j'ai des notions moins nettes du plaisir et de la douleur ; j'ai des sympathies et des antipathies plus ou moins inconscientes et variables ; des idées plus ou moins nettes et plus ou moins arrêtées. Je constitue une unité irréductible, agissante et pensante.

Mais mon unité se complète par celle d'une femme

et d'enfants qui constituent ma famille. Les intelligences sont moins unies : je ne sens que par analogie
les besoins de ma femme et de mes enfants ; je n'ai
pas et ils n'ont pas les mêmes sympathies et les mêmes
antipathies ; ils n'ont pas les mêmes idées que moi,
exactement au même moment ; femmes et enfants
constituent chacun des individualités : et nous voyons
dans des familles ces individualités quelquefois si
opposées qu'elles aboutissent au divorce, que les
enfants sont malmenés par leurs parents et rendent à
leurs parents les sentiments dont ils éprouvent les
mauvais effets.

Si j'étends ma personnalité aux compatriotes de
ma commune, puis aux compatriotes de mon département, et enfin aux compatriotes de mon pays, l'in-
timité va sans cesse s'affaiblissant et les causes de
dissentiment s'accentuant. Le bas-breton de Josselin ne
connaît pas le provençal de Cassis et ni l'un ni l'autre
ne se comprendraient.

Donc, plus mes conceptions s'écartent de mon individu et de ce qui y touche immédiatement, plus elles
deviennent vagues et indéterminées.

Quoique particulièrement compétent en ce qui me
concerne, je puis cependant commettre des erreurs :
erreurs d'ignorance et de passion. Mais si d'autres
se chargent de penser et d'agir pour moi, ne cou-
rent-ils donc jamais le risque de commettre des erreurs d'ignorance et de passion ? Sont-ils parfaits ?
Ont-ils toujours du sang-froid ? Sont-ils à l'abri de tout
sentiment d'antipathie pour les uns, de sympathie
pour les autres ? Tiennent-ils toujours la balance
égale entre chacun ?

Toute l'expérience de l'humanité répond que le pouvoir ne perfectionne pas moralement les hommes. On cite un Marc-Aurèle qui était philosophe ; mais les Caligulas connus et inconnus abondent.

Au point de vue intellectuel, je suppose qu'un audacieux aille, dans une réunion de la salle Favié ou de la Maison du peuple, dire :

— Citoyens, je crois à l'infaillibilité du pape !

Il est probable que son auditoire sera surpris, et ses huées ne seront contenues que par la curiosité.

Profitant de ce silence, il pourrait développer le thème suivant :

— Je pense que vous êtes prêts à croire à l'infaillibilité du pape, car vous gratifiez du même don tous les hommes qui auront le pouvoir demain, dans la société socialiste qui fera place à la société capitaliste. Vous vous en remettez à eux pour tout faire. Les occupations réparties entre tous, vous les leur attribuez. Ils cultiveront; ils fabriqueront et distribueront, au prorata des besoins de chacun, qu'ils doseront selon leur sagesse, les produits qu'ils auront obtenus. Ils n'auront pas seulement comme le pape à juger des points de dogme et à déterminer les conditions de la vie surnaturelle. Chaque jour, ils devront régler tous les détails de la vie pratique, en substituant leur sagesse gouvernementale, leur prévoyance sociale, à l'imprévoyance et à la folie individuelles.

Quand le chef de la tribu ou de l'État tenait son mandat de Dieu, il était tout simple que ses sujets lui reconnussent toute sagesse. Quelquefois, ils le brisaient, comme les Bas-Bretons brisent les statues

des saints dont ils sont mécontents ; mais ces fureurs
mêmes étaient un hommage à leur puissance. Quand
les femmes de Paris vont à Versailles chercher le
roi, la reine et le dauphin, elles les ramènent, le
6 octobre 1789, en criant : « Nous avons le boulanger, la boulangère et le petit mitron ! » Elles
croyaient qu'ils pouvaient leur donner du pain, faire
leur bonheur. Dans les discours officiels, dans les
préambules des édits, les rois n'avaient-ils pas répété
sous toutes les formes qu'ils étaient préoccupés « du
bonheur de leur peuple » ?

La Convention reprenait cette tradition.

Les socialistes refont le droit divin de la société.
Mais qu'est-ce que la société ? C'est l'État. Et qu'est-ce
que l'État ? C'est un gouvernement ! Et qu'est-ce qu'un
gouvernement ? Ce sont des hommes.

Qu'ils aient le titre de roi, d'empereur, de président
de la République, de ministres, de comité, de convention, d'assemblée, peu importe, ce sont toujours
des hommes.

Les socialistes ne sont pas animés d'une très grande
bienveillance non seulement à l'égard de leurs
adversaires, mais même à l'égard de leurs partisans.
Ils sont toujours prêts à les soupçonner de tiédeur
ou de trahison. Leurs candidats ? Ils les passent par
de terribles laminoirs, et ils manquent de tout respect à leur égard.

Et cependant ils déclarent qu'une fois élevés au
gouvernement, ces hommes contestés, contestables,
faillibles, doivent avoir tous les pouvoirs ! Ils se pros-
ternent devant eux comme les cardinaux devant le
pape qu'ils viennent d'élire. Ils s'imaginent que ces

9.

hommes ont reçu une investiture supérieure. Et ils affirment que leur fétiche, la Société, assurera le bonheur de chacun.

Beaucoup des adeptes de cette foi se prétendent libres-penseurs et affirment qu'ils font du socialisme « scientifique ».

———

CHAPITRE XVI

Humilité socialiste.

Le plus humble des serviteurs. — Du syndicat. — Besoin
d'obéissance. — Un type. — L'obéissance passive.

— Ce que j'admire en toi, c'est ta modestie. Ah! on
ne peut pas te reprocher d'être fier. Tu es humble,
très humble serviteur.....

— Moi, je ne suis serviteur de personne.

— Tu es serviteur, le plus humble des serviteurs,
comme se qualifiaient les moines.

— C'est une insulte pour moi qui veux l'affranchissement !

— L'affranchissement ?... de qui ?

— Du travailleur.

— Eh ! à l'égard de qui ? de quoi ?

— Du patronat.

— Et tu le remplaces par quoi ?

— Le syndicat.

— Le syndicat ? C'est lui qui te dit de ne pas travailler quand cela lui convient, sans consulter, tes convenances.

— Il me fait voter,

— Mais quand ses chefs ont parlé.

— Eux savent ce qu'il faut faire.

— Donc, tu t'en fies à leur sagesse que tu reconnais comme supérieure à la tienne. Au lieu de décider par toi-même, tu remets ta volonté entre leurs mains. C'est une preuve de modestie.

— Mais autrefois, c'était le patron qui décidait.

— Mais il décidait de te faire travailler le plus possible. Maintenant, le syndicat décide de te faire travailler le moins possible.

— C'est toujours autant de gagné.

— Sauf ce détail que le syndicat ne peut te donner de ressources qu'en les prenant à d'autres.

Ce socialiste docile me rappelle un officier que je trouvai il y a une quinzaine d'années dans une ville d'eaux. Il me dit, la première fois qu'il m'aborda :

— Je m'ennuie terriblement.

— Les médecins ont cependant soin de vous occuper suffisamment, en espaçant les verres d'eau du matin, en vous faisant pérégriner de telle source à telle source, en vous reprenant l'après-midi par des douches et d'autres verres d'eau.

— C'est égal. Cela ne me suffit pas. Il me reste trop d'heures libres pendant lesquelles je ne sais que faire... j'ai hâte de regagner la caserne où tout est réglé.

J'appris ensuite que cet homme, qui ne manquait pas d'une certaine intelligence, mais qui était dépourvu d'initiative et de volonté, avait commencé par être moine. Il avait jeté le froc aux orties pour certaines considérations ; mais il n'en admirait pas moins la règle qui fixait l'action et même la pensée, leur assignait des heures déterminées, les rythmait par la cloche et la prière.

Je proposai à ce malheureux abandonné de devenir son prieur et son colonel. Il accepta avec effusion. Je lui donnais la veille des ordres pour le lendemain, de manière à occuper toute sa journée. Je lui disais :

— Vous m'attendrez en face du casino à six heures.

Il y était. J'arrivais à six heures et demie. Je l'avais occupé à m'attendre pendant une demi-heure. Il était enchanté. Un jour, je laissai une lacune dans ses occupations. Il s'empressa de la remplir par une perte au baccara, qu'il pouvait, du reste, supporter sans inconvénient, pourvu qu'elle ne fût pas quotidienne, — car cet homme docile était riche. Je redoublai la rigueur de ma discipline. Il en était si enchanté que quoique sa cure ne fût pas terminée, il partit en même temps que moi, ayant peur de rester isolé et livré à lui-même.

Eh bien ! socialiste, mon ami, qui veux que l'État contracte pour toi, agisse pour toi, te protège, te guide, règle tes volontés et tes actes, tu es comme mon officier qui avait commencé par être moine ! Tu as la modestie de reconnaître que tu es incapable de te diriger toi-même, — et à en juger par tes actes parfois, tu as raison !

Mais si tu te reconnais incapable de te diriger toi-même, pourquoi veux-tu diriger les autres ? voilà où commence la contradiction.

— Pas plus que pour ton officier. Il était commandé,
mais il commandait aussi.

— Oui, mais d'après les ordres supérieurs, d'après
la théorie, le règlement, d'après ce qu'avaient pensé
d'autres hommes. Ce n'était point sa volonté qu'il
communiquait à d'autres hommes, mais des volontés
supérieures : et toi ce que tu réclames avec de si
grands gestes, en roulant de gros yeux, avec des
paroles gonflées de menaces, c'est le droit à l'obéissance passive — qui commencerait par te fermer la
bouche.

CHAPITRE XVII

La propriété et les principes de 89.

Le collectivisme monarchique. — Le roi propriétaire de toute
la France. — Révolution : affirmation de la propriété individuelle.
— Propriété personnelle et propriété objective. — La liberté de
la propriété. — Rejet par la Convention de la définition de Robespierre. — Affirmation de la propriété dans la Constitution
de 1793. — Décret du 18 mars 1793 contre toute loi agraire. —
La Constitution de l'an III. — Article 544 du Code Napoléon.
— Mauvaise rédaction. — Les restrictions pour les mines. — La
propriété mobilière, — constituée par la liberté du prêt. — La
propriété industrielle. — La propriété littéraire.

Avant la Déclaration des Droits de l'homme et la
Constitution du 3 septembre 1791, la France jouissait
du collectivisme vers lequel veulent nous ramener les
socialistes. Elle était le domaine du roi. L'ordonnance
de 1692 proclame solennellement « la propriété supérieure et universelle du roi sur toutes les terres ». Les
docteurs de la Sorbonne affirmaient également cette
doctrine. Saint-Simon dit : « Louis XIV ne douta
plus que tous les biens de ses sujets ne fussent siens et
que ce qu'il leur en laissait ne fût de pure grâce. »

Nous avons cité le passage des mémoires de
Louis XIV dans lequel il proclame bien haut ce
principe (1) et M. de Villeroy le confirmait quand, en
montrant à Louis XV, enfant de cinq ans, le peuple
assemblé, il lui disait : « Sire, tout ce que vous
voyez est à vous. »

Que signifiaient ces affirmations? sinon l'incarnation dans l'absolutisme royal du collectivisme primitif d'où l'homme a évolué peu à peu, à travers les
siècles, pour aboutir à la propriété individuelle — ce
que déplorent, mais ce que reconnaissent eux-mêmes
les socialistes de bonne foi (2).

La Révolution, dégageant l'individu de cette absorp-
tion dans la personne royale, devait affirmer la propriété individuelle, parce que la propriété est l'agran-
dissement, le prolongement de la personnalité
humaine. Les physiocrates avaient proclamé bien haut
la propriété personnelle de chaque individu sur lui-
même; mais cette propriété personnelle serait précaire, si elle n'avait pour complément une propriété
objective.

D'où cette conséquence: chaque individu doit pouvoir faire tous les actes nécessaires à acquérir et doit
pouvoir user des choses acquises à son gré, au mieux
de ses intérêts, tels qu'il les entend : c'est la liberté
du travail. Chaque individu doit être assuré qu'un
ou plusieurs ne le dépouilleront pas de ses biens,
par vol, par fraude ou par violence : c'est la sûreté.

<hr/>

1. V. *suprà*, page 50.
2. Letourneau, *l'Evolution de la propriété* Introd. p. VII.

La propriété est un corollaire de la liberté : et c'est avec raison que la Déclaration la place immédiatement après.

Le 28 septembre 1791, dans le code rural, l'Assemblée nationale proclame que le territoire de la France, dans toute son étendue, est libre comme les personnes qui l'habitent. Ainsi toute propriété territoriale ne peut être sujette envers les particuliers qu'aux redevances et aux charges dont la convention n'est pas défendue par la loi, et envers la nation qu'aux contributions publiques établies par le Corps législatif, et au sacrifice que peut exiger le bien général sous la condition d'une juste et préalable indemnité (1).

Les propriétaires sont libres de varier à leur gré la culture et l'exploitation de leurs terres, de conserver à leur gré leurs récoltes et de disposer de toutes les productions de leurs propriétés dans l'intérieur du royaume et au dehors sans préjudice du droit d'autrui et en se conformant aux lois.

Affranchir le sol, le diviser, en faciliter la transmission et en assurer la sécurité : tel fut le but de l'Assemblée nationale.

Les hommes de la Révolution considéraient si bien la propriété comme un attribut essentiel de la personnalité humaine, que la Convention rejeta l'article 7 du projet de Constitution de Robespierre dans lequel il faisait dépendre la propriété de l'agrément du législateur, en la définissant « le droit qu'a chaque citoyen de jouir de la portion des biens qui lui est garantie par la loi; » et elle la définit « le droit qui

1. Laferrière, *Essai sur l'hist. du droit fonc.*, t. II. p. 113.

appartient à tout citoyen de jouir et de disposer à
son gré de ses revenus, du fruit de son travail et de
son industrie ».

Auparavant, par le décret du 18-22 mars, dont la
date est la même que celle de l'institution du Comité
de Salut public, la Convention nationale avait frappé
« de la peine de mort quiconque proposerait une loi
agraire ou toute autre subversive des propriétés ter-
ritoriales, commerciales et industrielles ».

La Constitution de l'an III (art. 5) affirme de nouveau que « la propriété est le droit de jouir et de disposer de ses biens, de ses revenus, du fruit de son
travail et de son industrie. »

Le Code Napoléon (art. 544) n'a fait que confirmer
la doctrine de la Révolution en appelant la propriété
« le droit de jouir et de disposer des choses de la manière la plus absolue, pourvu qu'on n'en fasse pas un
usage prohibé par les lois et par les règlements ».

Dans cet article, il faut distinguer l'affirmation du
principe et la restriction vague et indéterminée, mauvaise, au point de vue de la rédaction, et dont cependant l'administration et le gouvernement n'ont pas
jusqu'ici essayé d'abuser à l'aide de moyens plus ou
moins juridiques.

Toutefois, les hommes de la Révolution, les rédac-
teurs du Code civil, reculèrent quelquefois devant les
conséquences de leurs principes : et ils eurent tort,
comme le prouvent les contestations engagées tous
les jours, relativement à la propriété des mines.

Après avoir déclaré que la propriété du sol emporte
la propriété du dessus et du dessous, imbus de ce
préjugé que les mines étaient une propriété d'une

espèce spéciale qu'on devait sacrifier à l'intérêt
général; que le propriétaire du tréfonds pouvait être
indifférent ou hostile à cette industrie et abuser de sa
position pour l'entraver, les législateurs de la Révolution, et à leur suite ceux de 1810, font de la propriété originelle des mines une concession. L'équivo-
que qui en résulte sert de prétexte aux fauteurs de
grèves pour réclamer l'intervention de l'État dans les
discussions entre les ouvriers mineurs et les compagnies houillères et aux socialistes pour en réclamer
le retour à l'État.

Les difficultés qui résultent de cette entorse faite
au principe ne prouvent pas, à coup sûr, contre la
propriété. Elles démontrent, au contraire, combien
il est dangereux, sous un prétexte d'utilité passagère,
de mettre la loi en contradiction avec les principes.

Les garanties que la Révolution donnait à la propriété, elle les donnait à la propriété en général, et si
elle spécifiait plus particulièrement pour la propriété
immobilière, elle n'oubliait pas la propriété mobilière. Elle lui permettait de se constituer par la
liberté de l'industrie et du commerce. Elle donnait aux
capitaux la liberté d'action dont ils étaient privés :
car antérieurement le prêt à intérêt n'était autorisé
qu'à titre perpétuel, par constitution de rente; mais
en vertu de l'ordonnance de Blois, tous prêts tempo-
raires d'intérêts étaient réputés usuraires et rigoureusement prohibés.

Quand des socialistes s'élèvent contre le prêt à
intérêt, ils se croient avancés : ils datent des Pères de
l'Église; ils rééditent les anathèmes de Bossuet sur
l'usure; ils reviennent à la législation de l'ancien

régime qui n'empêchait point les traitants de s'enrichir, mais empêchait l'épargne de fructifier.

L'Assemblée nationale proclama aussi le principe de la propriété industrielle, « considérant que toute idée nouvelle dont la manifestation ou le développement peut devenir utile à la société, appartient primitivement à celui qui l'a conçue et que ce serait attaquer les droits de l'homme que de ne pas regarder une découverte industrielle comme la propriété de son auteur (1) ». Elle affirma également que « la plus saine, la plus légitime, la plus personnelle de toutes les propriétés, est l'ouvrage, fruit de la pensée de l'écrivain ». Seulement elle eut le tort de reculer devant l'application complète de ces principes.

Voilà l'œuvre de la Révolution. Les collectivistes socialistes révolutionnaires demandent la suppression de la propriété individuelle, de manière que le gouvernement de demain puisse se considérer, comme Louis XIV, le seul propriétaire de la nation.

1. Décret 31 déc. 1790 ; 7 janv. 1791. Voir Yves Guyot, *l'Inventeur.*

CHAPITRE XVIII

Inconséquences des collectivistes.

La propriété de la nation. — Cette propriété est un monopole. — Où commence la nation? — Saint-Marin et la Chine.

Je me sers du mot « nation » que M. Jaurès veut bien substituer au mot « société ».

Je m'étonne de cette concession de la part de M. Jaurès, qui est habitué aux subtilités de la langue et de l'argumentation. Du moment qu'il abandonne la propriété « sociale », et en fait une propriété « nationale », il abandonne le principe même du collectivisme : car qu'est-ce qu'une nation?

Une nation est une fraction plus ou moins grande de l'humanité. Elle s'est installée sur un coin de terre. Elle a donc établi un monopole du sol au profit d'un nombre plus ou moins limité et à l'exclusion du reste des 1.500 millions d'habitants du globe.

Si M. Jaurès me dit que lorsque ce sont des millions d'hommes qui occupent un point de la surface planétaire, c'est du collectivisme, je lui demande à combien de millions commence le collectivisme? La Grèce, la Sicile, la Norvège, le Danemark forment-ils des unités collectivistes? Ce sont de bien petites nations, comme population et comme territoire.

Si le collectiviste me répond : Oui, alors je lui demande s'il reconnaît la République de Saint-Marin, et s'il me répond affirmativement, il se met en contradiction avec son principe : car il aboutit à une petite propriété, à un petit monopole au profit de quelques milliers d'individus; et s'il reconnaît le monopole de la terre à quelques milliers, pourquoi pas à des centaines, à des dizaines et aussi à des unités?

Si, au contraire, le collectiviste n'accepte comme unités collectivistes que des nations se composant de plusieurs millions d'individus, il en arrive à supprimer toutes les petites nations : et, comme de toutes les nations la plus grande et la plus peuplée c'est la Chine, il lui réserve d'englober toute l'humanité.

CHAPITRE XIX

Socialisme agraire.

Le paradis d'Irénée. — Le programme immédiat. — Le taureau communal. — Le moulin et le four banals. — Régression.

Irénée nous a laissé une description complète du Paradis promis aux fidèles dans les premiers âges du christianisme : « Viendra le temps où naîtront des vignes dont chacune aura dix mille sarments qui auront chacun dix mille grappes, dont chacune aura dix mille grains qui fourniront chacun vingt-cinq mesures de vin. Et lorsqu'un des fidèles saisira une de ces grappes, celle d'à côté criera : — Je suis une meilleure grappe, prends-moi. De même pour les autres fruits, les semences, les céréales... »

En attendant le bonheur qu'à son instar nous promettent MM. Jaurès et ses amis, ils pensent aux questions pratiques, et, comme transaction, proposent de charger la commune de fonctions économiques qui, d'individuelles qu'elles étaient considérées jusqu'à ce jour, deviendront collectives.

Ils veulent charger les communes d'achats d'animaux reproducteurs et de machines agricoles.

— Pourquoi pas? disent des personnes qui y voient les avantages que les expériences multiples n'ont pu dissiper.

— Pourquoi pas? et parce qu'une commune, pas plus que l'Etat, ne doit pas avec les ressources générales que lui donnent les contribuables, pourvoir à des services privés. Si vous voulez des arguments de fait, j'ajouterai que cette combinaison, prétendue « démocratique » favoriserait les gros fermiers et les gros propriétaires de la commune. Le petit propriétaire, qui n'a qu'une vache ou même n'en a pas du tout, profiterait moins des services du taureau communal que celui qui a cinq, dix, quinze vaches, en admettant qu'il voulût en user. Le fermier qui aurait une moisson à battre profiterait plus de la batteuse communale que le petit propriétaire qui ne récolte que les légumes de son jardin.

En instituant un taureau communal, un bélier communal, une batteuse, une faucheuse, une moissonneuse communales, nous en revenons au bon régime féodal du four banal et du moulin banal.

Le seigneur obligeait l'agriculteur d'y porter son blé et sa farine : le maire de la commune obligera tout contribuable de cette commune à donner sa part d'impôt à la bête ou à la machine communales, même s'il ne veut ou ne peut s'en servir.

Les socialistes agraires français demandent le monopole des alcools : ils sont logiques : mais ils le sont moins que les socialistes suisses qui, dans leur programme pour les élections du 29 octobre 1893, ont demandé le monopole du commerce des céréales. .

Les paysans français connaissent l'effet du monopole du tabac sur l'agriculture. Ne cultive pas qui veut du tabac. Tel arrondissement, dans tel département, est exclusivement autorisé à cultiver du tabac. Pourquoi ces faveurs? Et dans cet arrondissement, il doit y avoir tant d'hectares consacrés à cette culture, pas davantage. Les hectares sont donnés à tel ou tel cultivateur. Pourquoi à celui-ci? pourquoi à celui-là? Dans un moment de franchise, un député me disait :

— Je garantis bien que, dans ma circonscription, pas un de mes adversaires politiques ne fera pousser un pied de tabac.

Le monopole du tabac est une des formes du socialisme ; étendez-le aux céréales, et vous aboutissez aux mêmes conséquences d'arbitraire.

Violation de la liberté du travail, oppression de la liberté d'opinion, étouffement de l'individu sous le despotisme mesquin de l'action administrative dans les actes de chaque jour, ruine morale et matérielle du pays, voilà ce que préparent les socialistes qui veulent nous ramener au régime féodal de la banalité communale et des monopoles nationaux.

CHAPITRE XX

L'Accord des contradictoires.

Imprudence de M. Jaurès. — Le paysan. — Pas d'ouvriers. — Ses enfants. — Le partage. — La dot. — L'hypothèque. — Négation des principes de 89.

Dans ces pages rapides, je ne veux examiner que les rapports du socialisme avec les principes de 89. Des articles, dans lesquels M. Jaurès a commis l'imprudence de vouloir tracer sa société idyllique, où il essaie de concilier le droit individuel et le collectivisme, je ne retiens donc que son programme général, tel qu'il l'a tracé.

La nation, ayant la propriété souveraine de la terre, confirme dans leur possession les paysans propriétaires, ceux qui cultivent eux-mêmes leur terre, ou plutôt elle rend effective et réelle pour eux la propriété qui n'est bien souvent aujourd'hui qu'apparente et illusoire. L'impôt leur prend le plus clair de leur revenu, c'est-à-dire, en somme, de leur terre. La nation le supprime. Ils sont ruinés par l'hypothèque, par les intérêts à servir. La nation

assume leur dette et leur permet de s'acquitter vis-à-vis
d'elle par le simple remboursement du capital en plusieurs annuités, *sans intérêts.*

Au moment où j'écris ces lignes, M. Jaurès n'a pas
encore tracé les moyens de transition à l'aide des-
quels il a assuré la propriété souveraine de la terre à
la nation.

Mais soit : « La nation a confirmé dans leur possession les paysans propriétaires, ceux qui cultivent
eux-mêmes leur terre. » Eux-mêmes? sans salariés,
par conséquent, car ils exploiteraient ces salariés.
Mais l'aide de leurs enfants leur est-elle permise?

Si oui, le paysan propriétaire ayant une nombreuse famille pourra cultiver une plus grande étendue de propriété que celui qui n'a qu'une famille res-
treinte. Admettons que l'égalité demeure entre les
deux. Mais les filles vont s'établir, les garçons aussi.
Que devra faire le paysan cultivateur? va-t-il partager
son bien? va-t-il leur donner une dot en argent pour
s'établir? Son bien? Mais si la fille se marie avec le fils
d'un autre paysan cultivateur, la fille aura-t-elle un
lopin de terre de son père et le fils un autre lopin de
terre venant de son père? comment feront-ils pour
cultiver les deux lopins séparés l'un de l'autre par une
distance plus ou moins grande? et où demeureront-
ils? Si le père de famille a donné la dot en argent, il
conserve sa terre. Mais s'il n'a plus les bras de sa
fille ou de son fils pour la cultiver, il est obligé de
prendre des ouvriers. Alors que fera M. Jaurès? Lui
rognera-t-il sa terre de manière à la réduire à la portion qu'il pourra cultiver lui-même? Mais peut-être,

pour établir sa fille et son fils, il a pris des engagements qu'il comptait tenir avec sa terre.

— Non, me dit M. Jaurès. Il ne pourra plus l'hypothéquer.

— C'est juste. La nation a pris à sa charge toutes
les hypothèques. D'après la dernière phrase du programme ci-dessus, elle a supprimé les intérêts. Les
gens qui avaient placé leurs économies sur bonnes
hypothèques, les considérant comme la sécurité de
leurs vieux jours ne toucheront plus de revenus et
devront vivre de leur capital, à moins que l'Etat ne
leur donne des ressources ; mais où les prendra-t-il,
puisqu'il supprime l'impôt ?

Je me borne ici à indiquer les conséquences de cette
politique de spoliation, négation de tous les principes de la Révolution.

CHAPITRE XXI

Légitimité et illégitimité du même acte.

Propriétés collectives et individuelles. — Résultats comparés. — Défense d'omission. — A quel chiffre ? — Déplacement de la propriété.

La horde qui a un terrain de chasse, d'où elle expulse tous ceux qui veulent l'envahir, s'arroge un monopole sur un point du globe ; la tribu patriarcale qui a un terrain de parcours commun, s'arroge aussi un monopole du sol d'une étendue plus ou moins étendue.

Ces chasseurs et ces pasteurs ont besoin d'espaces immenses pour vivre misérables. Schoolcraft estime que chaque Peau-Rouge de l'Amérique du Nord, vivant du produit de sa chasse, a besoin de 78 milles carrés pour son entretien. D'après M. Oldfield, il faut à l'indigène Australien, pour soutenir sa misérable existence, au moins 50 milles carrés. D'après l'amiral Fitzroy, il en faut 68 à un Patagonien. Le mille carré égale 2 1/2 kilomètres carrés.

10.

Des laboureurs les remplacent, divisent ces terrains indivis ; et des êtres libres s'installent là où il y avait un maître entouré de serviteurs et d'esclaves. La population de la France est de 71 personnes par kilomètre carré, et celle de la Belgique de 210.

D'après les collectivistes, il faut détruire ces propriétés individuelles et libres et les remettre en commun.

— Oh non ! dit M. Jaurès, en faisant une grande révérence au petit propriétaire.

Et avec d'autres collectivistes, il entoure de soins et de prévenances le petit propriétaire ; mais où commence-t-il ? où finit-il ?

Est-ce l'étendue de la propriété qui fait le petit et le grand propriétaire ?

Un hectare, place de la Bourse, constituerait-il une propriété légitime et un kilomètre carré sur les landes de Lanvau serait-il une propriété illégitime ?

Un hectare de vignes dans le Médoc, propriété légitime ; et à combien d'hectares, dans les Landes, commencerait l'illégitimité de la propriété ?

Les terrains calcaires de la Charente font des cognacs exquis. Le phylloxéra dévore les vignes. Ces terrains tombent à rien. La propriété en devient légitime. Les propriétaires, après de nombreuses tentatives onéreuses, des alternatives de revers et de succès, reconstituent leurs vignobles qui recouvrent une grande valeur : la propriété en devient-elle illégitime ?

Vous aviez un hectare de terre de maigre valeur, couvert de cailloux, brûlé par le soleil : vous l'irriguez et il vous donne 10.000 kilogrammes de foin à 140 francs la tonne, soit 1.400 francs, alors que les

frais de culture n'atteignent par 200 francs. Voilà
donc de l'argent placé à 500 0/0 (1).

Avant l'irrigation, étais-je légitime propriétaire et
après, ne le suis-je plus ? Je ne suis donc légitime propriétaire qu'à la condition de mourir de faim sur ma
propriété. Pour ne pas courir le risque de me la voir
confisquer, je devrais donc avoir soin de la laisser
en friche.

Prenons des chiffres abstraits. La thèse de M. Jaurès
et des autres collectivistes illogiques arrive à faire
poser les questions suivantes :

La propriété d'une unité est-elle légitime ?

Et la propriété de deux ?

Et la propriété de trois ?

Et la propriété de quatre ?

Et la propriété de cinq ?

Et la propriété de dix ?

Et la propriété de cent ?

A quel chiffre arrêtez-vous la légitimité de la propriété ? Selon le bon plaisir et l'arbitraire de qui ?

Mais si la propriété d'une unité constitue un acte
légitime et la propriété de dix un acte illégitime, cela
revient à dire qu'une action juste devient coupable
parce qu'elle est répétée.

Une fois accepté le principe de la légitimité de la
petite propriété, comment le repousser pour la
grande ?

Oserez-vous déclarer que la richesse rend la propriété illégitime et qu'il faut être misérable pour
avoir droit à la propriété ?

1. D'après M. Chambrelent. V. *le Siècle* du 18 novembre 1893.

M. Henry Maret disait dans le *Radical* du 14 oto-
bre 1893 :

Il n'y a pas de droit contre le droit, et le droit à
l'existence prime le droit de propriété. La société a parfaitement le droit de déposséder ceux qui ont, pour donner à ceux qui n'ont pas.

« Le droit à l'existence »? mais pour l'enfant, ce
sont les soins et les sacrifices des parents, et s'il est
orphelin, son héritage.

Comment ce droit à l'existence prime-t-il le droit à
la propriété, alors qu'ils sont identiques ? L'individu
ne peut vivre qu'à la condition de posséder des ali-
ments : et cette possession de capitaux circulants est
un acte de propriété.

Dans la dernière des conceptions juridiques contenues dans ces cinq lignes, M. Henry Maret, qui a la
coquetterie injustifiée de se prétendre libéral, déclare
que « la société », être abstrait qui ne peut agir que par
des hommes en chair et en os, a le droit de prendre
aux uns pour donner aux autres, le droit de dépouiller
ceux-ci et d'enrichir ceux-là. Il ne supprime pas la
propriété, il la déplace. Seulement, au lieu de la laisser
à ceux qui l'ont acquise par le libre jeu des lois économiques, leur travail, leur habileté, leurs héritages, il
l'enlève de force aux uns pour l'offrir à d'autres ; il
expulse les propriétaires actuels, mais il en fait d'autres : et quelles sont les règles qui présideraient à la
répartition des propriétés ainsi confisquées, et à leur
conservation, leur transmission, leur démembrement ?
M. Henry Maret y a-t-il pensé ?

CHAPITRE XXII

Deux thèses qui s'excluent réciproquement.

« La petite propriété est une légende. » — L'illogisme d'un professeur de philosophie.— L'enquête agricole prouve le contraire. — Le grand propriétaire. — La tyrannie du grand propriétaire. — Les tyrans de village. — Un maire. — Egalité des propriétaires devant la loi. — Mais les contractants ne sont pas égaux? — Où jamais cette égalité a-t-elle existé ? — Toute propriété est oppressive. — Toute demi-mesure illogique. — Le socialisme et la propriété individuelle ne peuvent se concilier.

M. Jaurès pour justifier le collectivisme s'est écrié, dans la séance de la Chambre des députés du 21 novembre 1893, que « la petite propriété n'était qu'une légende »

Or, l'enquête de 1879-1881 sur l'évaluation de la propriété non bâtie a montré qu'elle était partagée entre 8.454.000 propriétaires en France pour 14.220.000 fr. de cotes. Si on multiplie le nombre de ces propriétaires par l'unité contributive de 4 (une femme, deux enfants) on arrive à 33 millions de propriétaires sur 38 millions d'habitants qui cumulent avec 6.595.000 propriétaires de propriétés bâties. En France tout le monde est donc propriétaire immobilier, soit directement, soit à l'état latent.

Si M. Jaurès déclare qu'il a voulu dire qu'il y a plus de petits propriétaires que de grands propriétaires, je me bornerai à constater qu'en s'écriant : « La petite propriété est une légende », il a dit exactement le contraire de ce qu'il voulait dire.

Si ce professeur de philosophie eût raisonné rigoureusement et eût adapté exactement ses paroles aux faits, il aurait dû soutenir la thèse suivante : — Il y a trop de petits propriétaires et pas assez de moyens et de grands.

Je n'examine pas, en ce moment, ce que j'ai fait ailleurs (1), les causes de cette répartition de la propriété : je ne veux pas montrer qu'elle dépend de la nature des cultures, de la valeur du sol. Dans ce livre, je ne parle du socialisme qu'au point de vue du droit et non au point de vue économique.

Je me borne à constater que M. Jaurès grossissait en vain la voix pour montrer comme menaçants les propriétaires ayant plus de 40 hectares.

Mais la question de quantité ne fait rien à l'affaire. J'admets qu'il y ait dans le nombre de ces grands propriétaires quelques-uns qui soient possesseurs de plusieurs milliers d'hectares. Je crois qu'il y en a un qui en a 16.000, soit plus du double de la surface de Paris.

— Vous le reconnaissez!

1. Voir le *Siècle* des 23 et 25 novembre 1891 et mes études dans la *Petite Gironde* sur le socialisme agraire à partir du 21 novembre 1893.

— Eh! oui, pourquoi nierais-je un fait?

— Et vous le tolérerez?

Et alors le socialiste m'adresse le réquisitoire suivant :

— Ce grand propriétaire ne joue-t-il pas le rôle de l'ancien chef de tribu ou de l'ancien patriarche? Sur ce territoire n'y a-t-il pas des populations qui conservent les vestiges de l'ancien servage? Tout ne gravite-t-il pas et ne rayonne-t-il pas autour du propriétaire ou de son délégué? Le fermier en est-il indépendant? Un ouvrier agricole n'a-t-il pas à craindre, s'il n'est pas dévoué au seigneur terrien, d'être privé de travail et obligé de s'exiler? Un maréchal-ferrant, un tonnelier, un menuisier, un cordonnier vivant sur un de ces territoires, n'est-il pas à sa discrétion ; et alors, dans ces conditions, que deviennent la liberté, l'égalité, principes de 89, qui peuvent exister sur le papier, mais sont détruits en fait, au point de vue économique?

Voilà l'objection dans toute sa force.

Je ne nierai point la tyrannie locale que peut exercer un grand propriétaire sur son entourage; mais un petit propriétaire peut l'exercer dans des proportions plus grandes, s'il a un tempérament plus dominateur que le premier. Il n'y a pas besoin d'être grand propriétaire pour être tyran de village. Un habile prêteur, une personne acariâtre, le nez au vent de tous les commérages, un homme à l'affût de toutes les difficultés et intrigues des familles, peut exercer un despotisme terrible. Vous ne voulez pas cependant supprimer ces gens, si désagréables qu'ils soient? Du moins, j'aime à le croire.

Un maire peut être un personnage très tyrannique.
Doublé d'un garde champêtre qui le seconde, il peut
rendre la vie insupportable non pas même à ceux qui
le combattent, mais à ceux qui le supportent. Interrogez le premier habitant de Saint-Ouen, de Montluçon
du de Saint-Denis, il vous renseignera sur la situation que font à ces communes les municipalités
fantaisistes dont la majorité des électeurs les a
dotées.

Vous pourriez demander qu'on modifie la loi sur
les attributions des maires ou qu'on y ajoute quelque
sanction qui restreigne ces fantaisies ; les maires sont
dépositaires d'une partie de l'autorité publique, et il
est inadmissible qu'ils puissent l'employer à des vexations à l'égard d'une partie de leurs concitoyens.

Mais ces propriétaires, qui peuvent avoir pour adversaires le maire ou les maires des communes où se
trouvent leurs propriétés, n'ont que de simples droits
de propriété. Le propriétaire d'un mètre carré et le propriétaire d'un kilomètre carré de terrain ont des droits
rigoureusement égaux. Ils se trouvent l'un et l'autre
en face de la même loi, et ils sont astreints aux mêmes obligations. La loi, depuis 1789, n'est point élas-
tique ; elle ne s'élargit pas en raison de la grandeur
du domaine ou de la fortune. Le propriétaire d'une
motte de terre ou le propriétaire d'une terre, englo-
bant plusieurs communes, ne peuvent passer que les
mêmes contrats. Dans la tribu, au contraire, toutes
les volontés sont assujetties au chef. Il n'y a point à
son égard de contrats librement consentis. Les personnes groupées autour de lui par naissance, tradition
de famille ou par force, obéissent à sa décision, dont

l'arbitraire est plus ou moins restreint par les cou-
tumes et les traditions.

— Mais le paysan qui contracte avec un grand propriétaire n'est pas libre ?

Nous en revenons toujours au préjugé en vertu duquel il est du « pouvoir social » d'égaliser les conditions des contractants et de leur donner à tous même
intelligence, même prévoyance et mêmes convenances : jamais un vendeur plus pressé de vendre que
son acheteur d'acheter ; jamais un acheteur plus pressé
que le vendeur. Il y aura un « pouvoir social » infail-
lible et supérieur aux bonnes et aux mauvaises
récoltes qui supprimera les accidents météorologi-
ques et qui passera le niveau. Les volontés, les
besoins, les désirs seront toujours égaux !

. Si vous dites que la grande propriété opprime tout
individu qui a une moins grande propriété, vous devez aller jusqu'au bout de votre raisonnement. Est-
ce que toute propriété n'est pas oppressive à l'égard
de celui qui n'est pas propriétaire ?

Je suis obligé d'avoir un domicile sous peine d'être
envoyé en prison comme vagabond. Le propriétaire a
donc un avantage considérable sur moi. Je suis un
locataire obligatoire. Le collectiviste logique arrive à
supprimer le propriétaire grand ou petit. Il a raison :
il ne peut s'arrêter à une demi-mesure, sous peine
d'illogisme.

Un industriel, établi depuis longtemps, ayant la
vitesse acquise, est dans de meilleures conditions
pour contracter que celui qui débute. Une vieille
maison, avec sa marque de fabrique, sa réputation,
ses relations, sa clientèle peut faire des contrats qui

11

écrasent une concurrente. Elle présente les mêmes inconvénients que la grande propriété. Imposer un maximum à l'une et à l'autre est impossible. Il faut donc supprimer l'une et l'autre, et supprimer tout contrat pour supprimer toute inégalité entre les contractants. Voilà le seul moyen d'échapper aux contradictions dans lesquelles tombent ceux qui, comme M. Jaurès et nombre de socialistes actuels, essaient par politique, de transiger avec les conséquences des principes qu'ils ont proclamés. Ou la propriété individuelle, pour tous, avec le droit, pour chacun, d'user des choses en sa possession au mieux de ses intérêts, appréciés par lui en toute liberté ; ou bien la propriété collective, l'exploitation en commun, selon une règle imposée, sous des ordres indiscutables. Entre ces deux alternatives, il faut prendre parti. Elles s'excluent réciproquement. Entre elles, nulle transaction possible.

CHAPITRE XXIII

Une solution pratique.

La méfiance des propriétaires. — Moyens perfectionnés pour la détruire. — Moyens pratiques et pacifiques de M. Henry Maret. — La suppression de l'héritage en ligne collatérale. — Obligation de tester. — La suppression de l'oncle d'Amérique. — Le testament par acte public. — La proportion des héritages en ligne collatérale. — Attente tranquille.

Persuader aux millions de propriétaires immobiliers, sans compter les propriétaires de valeurs mobilières, qu'ils doivent abandonner leurs propriétés et leurs valeurs, jeter leurs titres dans le brasier qui chauffe le creuset où se cuisine l'avenir socialiste, n'est pas une tâche commode. Les socialistes révolutionnaires, comme M. Jules Guesde, le reconnaissent et déclarent que les petits propriétaires, si petits qu'ils soient, étant trop bêtes pour goûter ces procédés, bien qu'on leur propose de brûler les titres de leurs créanciers en même temps que les leurs, il sera nécessaire de vaincre leurs

méfiances, en se servant des procédés perfectionnés
que la science a mis à la disposition de Ravachol et
de ses amis, à moins qu'elle n'en trouve de plus perfectionnés encore.

Cependant, de braves gens timides les trouvent
un peu brutaux, dangereux, non seulement pour ceux
à l'égard de qui ils doivent servir de moyens de
persuasion, mais aussi pour ceux qui les emploient;
et ils proposent des mesures plus anodines.

Henry Maret m'a appris qu'il était aussi, lui, adversaire de l'épargne, ce dont je ne me doutais pas, et
partisan de la suppression de la propriété et de l'héritage, ce qui m'a surpris (1).

Il a ajouté qu'il ne se bornait pas à faire la théorie
de la suppression de la propriété et de l'héritage,
mais qu'il a déposé, il y a une douzaine d'années,
une proposition pratique « constituant une assurance
mutuelle de tous les citoyens français, et dont la
caisse était alimentée par les ressources dues à la
suppression de l'héritage en ligne collatérale. »

Cette proposition, qui ressemble beaucoup à celle
de M. Barodet, si elle n'est la même, n'a qu'un défaut,
aussi capital que celui de la Jument de Roland : c'est
d'être morte! Oh! non pas, parce que M. Henry Maret
ne l'a pas ressuscitée depuis douze ans : il peut la
ressuciter demain ; mais parce que, en supposant
qu'elle soit votée aujourd'hui, promulguée après-
demain, elle restera lettre morte.

Il lui manquera cette toute petite chose dont Henry

1. Voir le *Siècle* des 26, 30 septembre, 1, 3, 11, 16, 23 octobre
189ʳ

Maret paraît faire si peu de cas : une propriété. Cette pourvoyeuse sera dépourvue. Maret ne lui donne pour toute dot qu'une phrase : « La suppression de l'héritage en ligne collatérale. » C'est maigre; et il n'y a pas un paysan du Sancerrois qui ne pourrait en expliquer la raison à son député.

Actuellement, jusqu'au douzième degré inclusivement, on hérite en ligne collatérale, si le *de cujus* n'a point laissé de testament. Mais c'est rare. L'héritier du douzième degré ne peut guère attendre son bonheur légal que de l'oncle d'Amérique.

Cette disposition de notre Code civil a surtout servi au mécanisme de certains mélodrames. Henry Maret, qui est paradoxal, au lieu de prendre de l'intérêt, dans son fauteuil de l'Ambigu-Comique, aux affaires de l'héritier qui devait recevoir, malgré le traître, un lingot d'or en guise de tuile sur la tête, et de se réjouir avec lui et la majorité du public, de cette bonne fortune, bougonnait :

— C'est moi qui supprimerais cette loi absurde ! Tant pis pour les neveux dont les oncles n'auront pas fait de testament en leur faveur !

De la manière dont MM. Henry Maret et Barodet conçoivent leur proposition, pour les neveux, petits-neveux, arrière-neveux, cousins, cousines à la mode de Bretagne et autres, toute la question est là :

— Le *de cujus* a-t-il ou n'a-t-il pas fait de testament ?

S'il n'a pas fait de testament, c'est fini. L'Etat hérite ou plutôt la caisse d'assurance mutuelle de Maret.

Mais, s'il a fait un testament, ce sont les coquins de neveux.

Les neveux et nièces d'un oncle à héritage ne manqueront pas de lui dire, quand ils lui souhaiteront son anniversaire :

— Tu sais, mon cher oncle, que 'M. Henry Maret exige que tu fasses ton testament. Serait-il indiscret de te demander si tu l'as fait?

Les oncles qui savent lire et écrire répondront : — Mon cher neveu, ma chère nièce, rédiger mon testament est devenu un de mes passe-temps. J'ai acheté une main de papier tout exprès, et quand je ne sais que faire, j'écris un testament. Les jours de pluie, j'en fais plusieurs, en changeant à chaque fois mes volontés. Vous voyez que je pense à vous.

Les neveux et nièces s'en iront assez inquiets.

Quant à moi, cet oncle à héritage ne m'inquiète nullement, pas plus que ses neveux et nièces.

Mais il y a, à la campagne surtout, de pauvres gens, de vieilles femmes, ayant un petit bien, qui ne savent ni lire ni écrire.

Ils ne peuvent tester que par acte public, et ce n'est pas une petite affaire.

Le testament doit être reçu par deux notaires et deux témoins ou par un notaire en présence de quatre témoins. Parmi ceux-ci ne peuvent se trouver des personnes gratifiées dans le testament, ni des parents ou alliés du testateur jusqu'au quatrième degré inclusivement, ni les clercs des notaires qui reçoivent les actes.

Faire un testament par acte public implique donc des dépenses et une certaine publicité, devant lesquelles peuvent hésiter de pauvres gens, souvent méfiants, ne voulant point faire connaître leurs affaires

à des étrangers, et n'ayant à léguer qu'un petit héritage à des parents presque toujours pauvres eux-
mêmes. Ce sont eux que Henry Maret, plein de ma-
lice, commence par exproprier pour jouer un mauvais
tour aux gens riches.

Ces héritages que, dans sa philanthropie, Maret
leur arrache, laisseraient la caisse de son assurance
sonner le creux.

S'il consulte les comptes de l'enregistrement, il
verra que, pendant ces dernières années, la valeur
des successions en ligne directe est de près 3.900 millions : or, il ne les supprime pas, même pour les morts
ab intestat.

La valeur des successions entre époux est de près
de 600 millions.

Entre frères et sœurs, oncles et tantes, neveux et
nièces, elle est de 850 millions; entre grands-oncles,
grand'tantes, petits-neveux, petites-nièces, cousins
germains, elle tombe à 150 mitlions, et au delà du
quatrième degré jusqu'au douzième degré, à 120 millions.

La valeur des héritages, en ligne collatérale, est
donc de 30 pour 100 seulement par rapport aux héritages en ligne directe. Quant aux héritages en ligne
collatérale, au delà du quatrième degré, ils représentent 5 pour 100 des héritages en ligne directe.

M. Maret veut-il supprimer aussi l'héritage entre
époux ? Si oui, l'époux survivant peut être privé, par
la mort de son conjoint, de la fortune qn'il aura contribué à gagner. M. Maret va-t-il jusque là? Or, la
proportion des héritages en ligne collatérale, relativement aux héritages en ligne directe et entre époux

tombe à 24 pour 100, et au delà du quatrième degré à 2 1/2 p. 100.

Voyons, Maret ! est-ce que ces chiffres ne vous prouvent pas que vous manquez de hardiesse. Ce n'est pas un misérable palliatif comme celui-là qui peut empêcher qu'on ne trouve jamais à la Morgue une malheureuse morte de faim. Vous devez nous présenter un système digne de votre prémisse : — « Nul n'a le droit de vivre du travail d'autrui : la propriété doit appartenir à celui qui la cultive, et l'intérêt de l'argent est une pure abomination. »

Si vous êtes logique, vous devez confisquer tous les héritages *ab intestat* en ligne directe, comme en ligne collatérale. Ce ne serait pas encore suffisant; il faudrait y ajouter la suppression de tous les legs et donations. Voilà quelque chose de net et de précis.

Il est vrai qu'au lieu de supprimer la misère de quelques-uns, ce beau système ferait la misère de tous, si jamais il était appliqué. Mais Maret n'est pas pressé. Il attend avec tranquillité l'heure où ces belles choses arriveront : car il m'a prévenu que « nous ne les verrons ni l'un ni l'autre. »

Je l'espère bien.

CHAPITRE XXIV

Les socialistes et le régime fiscal de la Révolution.

L'article 13 de la Déclaration des Droits de l'homme dit :

« Pour l'entretien de la force publique, et pour les dépenses d'administration, une contribution commune

11.

est indispensable, elle doit également être répartie
entre tous les citoyens, en raison de leurs facultés. »

D'après cet article, tous les citoyens sont égaux devant l'impôt : il doit être proportionnel ; l'impôt ne
doit être employé qu'à des dépenses d'intérêt général.
L'Assemblée nationale supprima le mot d' « im-
positions » comme établies par un pouvoir arbitraire
et le remplaça par le mot « contributions déterminées par la volonté générale » (1).

Pour assurer la liberté du commerce et du travail,
l'Assemblée nationale supprima les impôts indirects,
y compris les octrois, sauf les douanes et les droits de
timbre et d'enregistrement; et elle essaya de taxer
tous les revenus en imposant les revenus fonciers par
la loi du 1er décembre 1790 ; les revenus mobiliers
par celle du 13 janvier 1791 et les revenus industriels et commerciaux par la loi du 2 mars 1791.

Aux principes contenus dans l'article 16 de la *Déclaration*, elle en ajouta un autre que les États généraux
précédents n'avaient cessé de réclamer.

II. — Ils voulaient supprimer les impôts personnels
auxquels les privilégiés échappaient en vertu de leur
caste, et les bourgeois cherchaient à échapper aussi
et par intérêt et comme titre d'anoblissement.
Bodin, dans sa *République*, dès 1577, donne nettement
la théorie que réalisa l'Assemblée nationale. « Les
charges doivent être réelles et non personnelles, afin
que le riche et le pauvre, le noble et le roturier, le

1. Adresse aux Français. Juin 1791. — Voir Yves Guyot. *Rapport sur l'impôt sur le revenu*. 1887.

prêtre et le laboureur paient les charges des terres taillables. »

Voici comment l'Assemblée nationale appliquait ce principe à la contribution foncière :

« La contribution foncière a pour un de ses principaux caractères d'être absolument indépendante des facultés du propriétaire qui la paye ; elle a sa base sur les propriétés ; on pourrait donc dire, avec justesse, que c'est la propriété qui est seule chargée de la contribution, et que le propriétaire n'est qu'un agent qui s'acquitte pour elle avec une portion des fruits qu'elle donne ».

C'est le principe sur lequel elle repose toujours.

Actuellement, vous avez une maison à Ménilmontant. Elle paye. C'est le numéro tant de la rue X. Elle vous appartient. Mais ni le contrôleur des contributions directes ni l'inspecteur n'ont à s'inquiéter si vous en avez d'autres ailleurs, si vous avez des actions, des obligations, ou de la rente sur l'État. Le contrôleur des contributions directes n'additionne pas sur votre tête tous les revenus que vous pouvez tirer de diverses sources, y compris votre industrie, votre commerce ou votre salaire.

III. — La contribution foncière fut basée sur le revenu net de la terre, calculé d'après un nombre d'années déterminé.

L'Assemblée nationale voulut atteindre également les revenus mobiliers, mais sans les astreindre à une délaration : cette contribution devait aussi être réelle et non personnelle. Elle essaya de déterminer la faculté mobilière d'un contribuable d'après le taux du loyer et elle fixa la contribution à un sou pour livre (ou 5 0/0) du revenu mobilier présumé d'après le loyer. Comme l'Assemblée ne voulait que frapper le revenu mobilier, elle autorisa, pour éviter tout double emploi, les propriétaires fonciers à prouver, par la quittance de leur contribution foncière, que leurs facultés leur venaient, en tout ou en partie, de leurs biens fonds, et, à obtenir, en conséquence, une déduction proportionnelle. Je signale ce fait pour montrer quels scrupules les hommes de 89 apportaient dans l'établissement des contributions.

L'Assemblée nationale voulut ensuite atteindre les revenus provenant du commerce et de l'industrie par la patente, mais en sauvegardant le principe de la liberté du travail : « Liberté pour tous, disait Dallard, dans son rapport, de faire tel métier, tel commerce que bon lui semblera et de cumuler autant de commerces et de métiers qu'il lui conviendra. »

Pour apprécier les revenus commerciaux, sans recherches inquisitoriales, on prit comme bases, l'étendue, l'apparence, le prix du logement de l'entrepreneur et de l'entreprise.

Le système fiscal de l'Assemblée nationale est donc *la contribution directe, proportionnelle et réelle sur les revenus présumés des diverses propriétés.*

IV. — De l'œuvre de l'Assemblée nationale se détachent nettement les principes suivants :

Egalité des citoyens devant l'impôt ;
Proportionnalité de l'impôt ;
L'impôt doit être réel et non personnel ;

L'impôt ne doit pas gêner la liberté du commerce ;

L'impôt n'est destiné qu'aux services généraux de la nation.

V. — Actuellement, outre les socialistes englobés dans le Quatrième Etat, la lutte des classes et la Révolution sociale, comment des socialistes qu'ils renient, MM. Peytral et Terrier par exemple, des radicaux à complaisances socialistes, comprennent-ils la question fiscale ?

Nous en avons l'expression dans le projet d'impôt sur le revenu présenté par M. Peytral, comme Ministre des Finances en 1888, et qu'il avait annoncé avoir l'intention de reprendre.

En vertu de ce projet d'impôt sur le revenu, chacun devra déclarer ses revenus au fisc. L'impôt sera personnel. La déclaration pourra être vérifiée par tous les moyens d'inquisition à la convenance du fisc. De plus, l'impôt sera progressif.

Selon les fantaisies du législateur, A paiera 5 0/0, B 10 ou 20 0/0, C 20 ou 60 0/0, D ou F 100 0/0 de son revenu et X devra renoncer au sien pour n'être pas condamné à la prison pour dette.

Ce système, tout à fait au gré des députés comme MM. Guesde, Walter (de Saint-Denis) et autres, transformerait l'impôt en un instrument de vexation et de confiscation.

Un gouvernement, ayant à sa tête M. Guesde excité par M. Drumont, mettrait la main sur les gens riches et croirait, en les ruinant, enrichir le pays.

D'après le système d'impôt personnel sur le revenu,

préconisé par M. Peytral, si Pierre a une maison à Paris, une ferme en Bretagne, des actions et des obligations, un salaire ou des bénéfices, on totalise le tout sur sa tête ; et on détermine la quotité de l'impôt d'après ce total.

On exempte le revenu au-dessous d'un certain chiffre et on suit ensuite une progression dont la raison est livrée à l'arbitraire du taxateur.

C'est le système de l'impôt *personnel et progressif* sur le *revenu*, réclamé par les socialistes, emprunté à la taille de l'ancien régime opposé au principe *de l'impôt réel et proportionnel*, posé par l'Assemblée nationale de 89.

M. Peytral m'ayant répondu un jour qu'il ne comprenait pas la distinction entre l'impôt réel et l'impôt personnel, je suppose qu'une démonstration n'est pas inutile pour d'autres personnes.

VI. — Si vous achetez du blé à l'étranger, à la frontière il paie un droit de 5 francs par quintal.

Peu importe qui vous l'a vendu : on ne vous demande pas si c'est M. X ou Z d'Anvers ou de Liverpool, de Londres ou de Chicago, qui vous l'expédie. On ne vous demande pas si votre expéditeur est vieux ou jeune, riche ou pauvre, marié ou garçon. On ne le connaît pas. On l'ignore. La douane ne connaît que le sac de blé. Il passera s'il est déchargé de 5 francs. Il ne passera pas, si les 5 francs ne sont pas acquittés.

La douane ne s'occupe pas de savoir qui les acquitte. C'est vous, A, qui avez acheté ce sac primitivement. Vous l'avez repassé à B, qui l'a repassé à C, qui l'a repassé à D, etc.

La douane ne connaît ni C, ni B, ni A. Elle ne s'occupe ni de leur situation de fortune ni de leur famille.
Un de ces anonymes est le caissier du sac de blé. Il
paie les 5 francs. Le sac est quitte. Voilà tout.

Dans cette opération, le fisc ne connaît pas la personne : l'impôt n'est donc pas personnel; il a pour
assiette la chose; et il est appelé *réel* — du latin *res*,
chose.

Chaque fois que vous passez à l'octroi, vous pouvez
vous apercevoir de ce caractère de l'impôt. Avez-vous
des poulets, du beurre, des perdreaux? vous déclarez
vos poulets, votre beurre, vos perdreaux. On ne vous
demande pas votre nom. Vous êtes un anonyme, le
simple caissier du perdreau, du poulet, du beurre.
Vous payez. Vous passez. Êtes-vous riche? êtes-vous
pauvre? l'employé d'octroi ne s'en est pas occupé. Il
ignore votre personne.

Il en est exactement de même pour toutes les contributions indirectes, et c'est là leur principale circonstance atténuante. Par qui sera consommé ce vin,
cette eau-de-vie, ce café? peu importe : l'hectolitre
de vin ou d'alcool, le quintal de café doivent tant.
Voilà tout. L'impôt est proportionnel à la quantité de
la marchandise. C'est la chose qui paye.

Colbert et les ministres des finances de la monarchie avaient un penchant pour les contributions indirectes, parce que, grâce à leur caractère réel, les
privilégiés, les membres de la noblesse et du clergé
ne pouvaient s'y dérober, tandis qu'ils se faisaient
exempter de la taille qui était un impôt sur le revenu
personnel.

Nous avons vu avec quelle fermeté l'Assemblée nationale avait maintenu le principe de l'impôt réel pour les contributions directes.

VII. — Voici, au contraire, ce que vous dirait M. Peytral, s'il était jamais chargé d'appliquer l'impôt qu'il promet aux socialistes.

M. PEYTRAL. — Monsieur, combien de maisons? Combien de terres? Dans quels endroits? Avez-vous des rentes? Combien d'actions? d'obligations?

LE CONTRIBUABLE — Mais je vous ferai observer que certaines ne rapportent pas de revenus. J'ai du Panama, par exemple.

M. PEYTRAL. — Ce n'est pas la question. Que gagnez-vous?

LE CONTRIBUABLE. — Cela dépend.

M. PEYTRAL. — Ce n'est pas une réponse. Il faut me dire un chiffre. Quel est votre moyenne des trois dernières années?

LE CONTRIBUABLE. — Mais je ne suis établi que depuis un an.

M. PEYTRAL. — Ne dissimulez rien, ou prenez garde, la police correctionnelle! Et votre femme? Sa dot? Mais ne reçoit-elle pas de cadeaux de son père, de sa mère, d'aïeuls ou... d'amis?

LE CONTRIBUABLE. — Insolent!

M. PEYTRAL. — Prenez garde. Vous irez en police correctionnelle. Les cadeaux habituels font partie des revenus. Faites-moi votre déclaration.

LE CONTRIBUABLE. — Mais, je suis médecin; je ne sais pas si la maladie donnera ou ne donnera pas l'année prochaine.

M. PEYTRAL. — Faites votre évaluation plus haute

que moins, dans votre intérêt; car autrement vous seriez frappé d'une amende considérable. Il faut que nous soyons impitoyables.

LE CONTRIBUABLE. — Largement compté, j'estime que tout compris, je pourrai peut-être me faire un revenu de 6.000 francs.

M. PEYTRAL. — C'est votre déclaration.

LE CONTRIBUABLE. — Oui.

M. PEYTRAL. — Signez-la, je l'enregistre. Maintenant montrez-moi des pièces qui la justifient.

LE CONTRIBUABLE. — Mais, et ma déclaration?

M. PEYTRAL. — Nous vous la demandons afin qu'elle nous serve de base et pour vous frapper d'une amende, si nous la trouvons inexacte. Mais nous n'y croyons pas.

LE CONTRIBUABLE. — Alors vous me traitez de menteur.

M. PEYTRAL. — Nous n'avons pas confiance. Donnez-moi votre correspondance avec votre notaire, vos factures, le livre de compte de votre cuisinière, le carnet de votre blanchisseuse, les notes de votre tailleur, de la couturière, de la modiste, de l'épicier, du boucher et du boulanger, pour voir si cela concorde.

M. Peytral emporte le tout qu'il livre à l'indiscrétion de ses bureaux. Au bout de quelques jours. M. Peytral revient :

— Nous avons vérifié. Vous avez dépensé plus que vous ne m'avez déclaré; il y a des dettes. Ces dettes ne sont-elles point des prétextes à dissimulation? Si je vous ménageais, on m'accuserait de faiblesse et de complaisance; peut-être dirait-t-on qu'elles ne sont pas désintéressées.

Le Contribuable. — Alors pour m'aider à payer mes dettes, vous allez me frapper d'une amende. Et maintenant, qu'est-ce que j'ai à payer ?

M. Peytral. — Vous connaissez le principe de l'impôt sur le revenu : exempter les petits, faire payer les gros. Si vous avez un revenu de moins de 2.000 fr., vous n'avez rien à payer. Vous en avez 6.000. Mais d'abord qu'elles sont vos opinions ?

Le Contribuable. — Qu'est-ce qu'elles ont à faire ?

M. Peytral. — Elles n'avaient rien à faire, quand l'impôt était réel : mais maintenant qu'il est personnel, elles ont une importance considérable. Notre devoir est de favoriser les amis du gouvernement et de ruiner les autres pour supprimer l'opposition.

Le Contribuable. — Je suis républicain.

M. Peytral. — Mais de quelle nuance ? Si vous n'êtes qu'un modéré. cela ne compte pas ; un simple radical est suspect. Êtes-vous au moins radical-socialiste ?

Le Contribuable. — Oui.

M. Peytral. — C'est bien heureux. Mais je vous préviens entre nous que cela ne suffira plus d'ici quelque temps. Pour échapper à la surcharge, il faudra être socialiste-révolutionnaire. Je l'avais prévu, mais cela ne m'effraye pas.

Le Contribuable. — Enfin, pour le moment...

M. Peytral. — De quelle race et de quelle religion êtes-vous ?

Le Contribuable. — Mais qu'est-ce que cela a à faire ?

M. Peytral. — Répondez d'abord.

Le Contribuable. — Je suis juif.

M. PEYTRAL. — Alors, c'est 50 0/0 de plus, en vertu d'un amendement dont je n'étais pas partisan, mais que les amis de Drumont ont fait passer et que j'ai dû accepter. Je n'y ai pas vu grand mal, car il y a beaucoup de juifs qui sont riches ; et l'impôt sur le revenu, c'est l'exemption des pauvres et la restitution de ceux qui ne possèdent pas, de ceux qui ont épargné...

LE CONTRIBUABLE. —... à ceux qui ont dilapidé. — Et combien dois-je payer?

M. PEYTRAL. — Nous avons établi une sage progression, nous avons fait la part du nécessaire. Il n'y a que les gens réellement riches qui soient sérieusement atteints ; pour le moment vous aurez à payer 25 0/0 : si vous aviez un revenu de 25.000 francs, vous payeriez 100 0/0; et au-dessus, il y a une progression qui s'étend de 120 à 150, à 175, à 200, à 300, etc. 0/0, selon les revenus.

LE CONTRIBUABLE. — Mais 120 0/0, c'est plus que le revenu! C'est une confiscation.

M. PEYTRAL. — Non, je vous l'ai déjà dit, une restitution : du moment qu'on exempte les petits, il faut bien faire payer les gros. Je reconnais que la progression est un peu forte. Je ne voulais pas aller si vite ni si loin. Mais Millerand a déposé un amendement, Guesde en a déposé un autre qui en a élevé le taux; Vaillant voulait la confiscation pure et simple de tous les capitaux, de toutes les propriétés. Comme, à aucun prix, je ne pouvais consentir à cette dernière mesure, j'ai accepté l'amendement de Guesde.

Ce dialogue est non pas une charge, mais le développement logique du système de l'impôt personnel et progressif sur le revenu réclamé par M. Peytral.

VIII. — Non seulement l'impôt socialiste viole les principes, établis par l'Assemblée nationale de 1789, mais il méprise la liberté du travail, il veut en faire un instrument de privilège pour les uns et d'oppression pour les autres. Nous l'avons bien vu dans la loi sur les patentes, adoptée par le Parlement, sur le rapport de M. Terrier, devenu ensuite Ministre du Commerce. Toute sa thèse porte sur les points suivants :

Qu'il y a deux grands magasins qui ont pris un trop grand développement ;

Que des commerçants s'en plaignent et que, par conséquent il faut faire une loi spéciale pour arrêter le développement de ces deux grands magasins et les ruiner au besoin ;

Que cette loi spoliatrice se justifie au point de vue de l'ordre public, parce que ces deux grands magasins sont immoraux, en appelant un trop grand nombre de clients et en les poussant à la dépense, et sont une cause de trouble dans les ménages ;

Qu'au point de vue moral, elle est nécessaire, car leurs séductions vont jusqu'à provoquer au vol des malheureuses dont les désirs ne sont pas proportionnés aux ressources ;

Qu'au point de vue économique, la loi doit encore intervenir, car ces deux grands magasins avilissen les prix, en vendant à trop bon marché.

Et alors on soutient, et la Chambre adopte une loi établie sur la considération que le devoir du gouvernement est d'établir un système de taxes qui essaye d'empêcher ces deux magasins de se développer, et d'en éloigner la clientèle, en la faisant payer des surtaxes.

Pour obtenir ces résultats, on établit un impôt progressif sur les spécialités, au nombre de 16, d'après la commission, élevées à 70 dans un projet de M. Naquet, à 102 dans un amendement de M. Leveillé.

Non seulement l'impôt frappant des marchandises jusqu'à la confiscation devient un obstacle à la liberté du commerce, mais on établit une taxe de capitation progressive sur les employés selon leur nombre (1).

IX. — Cette loi représente le mépris du principe de la proportionnalité de l'impôt et le mépris de cet autre principe que l'impôt n'est destiné qu'aux services généraux de la nation.

On veut en faire un instrument de direction du consommateur. On veut le placer comme une barrière devant certains magasins afin d'en détourner le client et de le rejeter vers d'autres magasins: et que devient le principe de l'égalité des citoyens devant l'impôt? le fisc n'est-il pas transformé en un instrument de spoliation et de privilège? et que devient le principe de la liberté du travail?

Ce principe, les socialistes n'en ont cure : au contraire, ils ne cessent de protester de leur mépris pour lui. Ils réclament en France le monopole de l'alcool et en Suisse, le monopole du commerce des denrées alimentaires.

Dans leur conception, l'impôt, non seulement, par

1. Discours prononcé par Yves Guyot. Chambre des députés, 18 février 1893,

la manière dont il est perçu, n'est plus uniquement destiné à pourvoir aux services généraux de la nation : mais d'après les socialistes, même mitigés, il doit être destiné à encourager telle ou telle industrie, telle ou telle culture, tel ou tel syndicat ; à subventionner des établissements comme la Bourse du travail, à rémunérer les ouvriers en grève et les travailleurs en révolution sociale.

Les socialistes de bonne marque, comme nous en voyons dans certains Conseils municipaux, ne se donnent même plus la peine de colorer leurs demandes de certains prétextes hypocrites ; ils disent hautement, conformément du reste aux doctrines que leur prêchent les marxistes, qu'il s'agit de marcher au pillage par tous les moyens, légaux ou illégaux, selon les moments et les circonstances, et que toute prise, sur la société capitaliste par un membre du Quatrième État, est de bonne guerre. Ils ne considèrent pas l'impôt comme destiné à pourvoir aux services généraux de la nation, mais comme un instrument de domination et un moyen d'acquérir la richesse,

Dans la Rome conquérante, l'impôt était l'exploitation des peuples conquis par leurs conquérants. Sous le régime de l'absolutisme royal, l'impôt était l'exploitation du peuple par le roi.

Sous le régime féodal, l'impôt était l'exploitation des classes opprimées par les classes oppressives.

Les socialistes, dont nous reconnaissons la logique dans la régression, veulent rendre à l'impôt son caractère de tribut : c'est le pillage régularisé, légalisé, avec la complicité, lâche ou naïve, de ceux qui doivent en être victimes, et, par son moyen « faire rendre gorge » à

tous ceux contre qui ils ont déchaîné l'envie des
moins riches ou des plus pauvres. Ils braquent contre
eux une loi comme une escopette. De justice dans
l'impôt, ils n'ont cure ; et dans leur ignorance et leur
mépris des faits, ils ne se sont même pas donné la
peine d'étudier les moyens fiscaux de faire rendre le
plus possible à l'impôt sans en tarir la source. Dans
leur brutalité stupide de pillards, ils vont jusqu'à
supprimer la richesse pour en obtenir plus.

CHAPITRE XXV

Moyens économiques.

« Bousculer les contrats. » — « Est-ce admissible ? » — Projet
Goblet. — Rotation des propriétés. — Exploitation par l'Etat —
Programme municipal. — Le commerce des blés et M. Jaurès.
— Industries municipales. — Anéantissement des entreprises
privées. — « Prendre aux autres pour notre compte. »

Dans l'histoire il y a eu un certain Philippe le Bel
célèbre par la désinvolture avec laquelle il rognait
les monnaies. Les socialistes voudraient prendre ces
traditions.

M. Camille Pelletan avait déjà dit, à propos des
compagnies des chemins de fer : « Il faut bousculer les contrats. » Mais on sait que, par rapport à
ses amis de la *Petite République*, il est modéré.
M. Clémenceau parle, sans cesse, des mines qui ont
fait des bénéfices et s'écrie : — « Est-ce admissible ? »
d'où cette conclusion : — « Quiconque ne se ruine pas
est coupable. » M. Goblet, ancien garde des sceaux, a
déposé un projet de loi par lequel il confisque chaque
mine dont les ouvriers auront fait grève pendant plus

de deux mois, et il justifie cette mesure par la théorie
suivante :

« Les successeurs des premiers concessionnaires ont
assez longtemps joui de tous ces avantages pour qu'il soit
juste d'en faire profiter, dans une certaine mesure, à leur
tour, les familles de ceux dont le travail pénible et si mal
rétribué d'abord a été le principal agent de cette prospé-
rité. »

Cette théorie de la rotation des fortunes s'applique tout aussi bien à la propriété foncière.

M. Goblet avait parlé de l'exploitation des mines
par l'Etat : mais il transige dans sa proposition ; il ne
la rend pas obligatoire. On lui a dit, sans doute,
qu'il y avait des mines voisines de la France, à Saar-
bruck, exploitées par l'Etat prussien, et que, là les
accidents étaient plus fréquents que dans les mines
de Westphalie, que les ouvriers y avaient tenté deux
grèves, l'une en 1891 et l'autre en 1893, mais que le
directeur avait déclaré aussitôt que, « tout ouvrier,
ayant rompu le contrat de travail » serait immédiatement renvoyé, s'il ne le reprenait pas immédiatement
et que le chef de la grève Warken, avait été condamné
à neuf mois de prison.

Il n'a pas insisté, mais ces considérations ne sauraient
influer sur ses amis, les collectivistes, car il est bien
évident que s'ils entendent que la mine soit exploitée
par l'Etat, ce n'est pas pour qu'il y ait à sa tête un directeur qui prenne ses fonctions au sérieux. Il s'agit
pour eux d'une exploitation collectiviste, dirigée
collectivement, dans laquelle on abattrait beau-

12

coup plus de bocks et de discours que de charbon.

Transformer toutes les industries en services publics : tel est le plan qu'ils ont tracé dans leurs divers Congrès et qu'ils poursuivent avec une persévérance que n'ébranle aucun échec.

En 1888, les deux groupes socialistes du Conseil municipal de Paris, les possibilistes broussistes, et les socialistes révolutionnaires, à la suite de M. Vaillant, proposèrent de rétablir la taxe du pain, avec un service d'inspection pour en assurer la bonne qualité ; d'établir des services municipaux d'achats de denrées alimentaires sur les lieux de production et des bazars de vente au prix de revient (1).

Ce beau projet fut repoussé. Mais nous voyons les municipalités de Roubaix, de Saint-Denis, de Montluçon, faire des efforts, contrariés, malheureusement pour elles et heureusement pour les habitants de ces communes, par la législation, essayer d'en mettre en pratique, tantôt une partie, tantôt une autre.

Le Congrès socialiste de Marseille de 1892 et les socialistes suisses dans leur programme électoral de 1893, ont demandé le monopole par l'Etat du commerce des produits alimentaires. M. Jaurès annonce qu'il va déposer une proposition de loi d'après laquelle l'importation des blés étrangers ne se fera que par l'Etat qui les revendra « à un cours constant et raisonnable de 20 fr. par hectolitre ». Et, ô honte ! on se voit réduit à l'obligation de discuter ces idées !

---

1. Voir un lumineux rapport de Léon Donnat sur ces propositions. Conseil municipal de Paris, 1888, n° 102.

Mais le monopole des denrées alimentaires n'est qu'une partie du programme. Il continue :

Etablissement par la commune d'industries municipales, pour qu'en vertu de leur droit à l'existence, les travailleurs mis à pied par les crises, les grèves et les transformations de l'outillage, reçoivent du travail, et que la commune s'achemine ainsi du régime de la propriété privée (1) au régime de la propriété publique.

Si un jour, par un hasard quelconque, les socialistes sont les maîtres du pouvoir, le neuvième Congrès ouvrier de la fédération du Centre leur dicte leur devoir :

Les travailleurs devront se hâter d'organiser les services publics producteurs et à l'aide d'une concurrence implacable d'anéantir toutes les entreprises privées, afin qu'au plus tôt se puisse établir la production au compte et sous la direction de l'Etat communiste. (2)

Tel est l'usage que les socialistes comptent faire du pouvoir et des ressources qu'il leur donnera : administrer dans l'intérêt général, c'est le vieux jeu, jeu bourgeois : employer les ressources fiscales pour la sûreté de tous, quelle naïveté ! On les emploiera pour « anéantir toutes les entreprises privées ! »

Voilà le programme du gouvernement des socialistes !

Tout le programme socialiste se résume en cette phrase :

Prendre aux autres pour notre compte.

1. Programme des Broussistes. B. Malon. *Le Nouveau parti*, p. 94.
2. Neuvième Congrès ouvrier de la fédération du Centre.

CHAPITRE XXVI

La politique socialiste.

I. — En attendant la Révolution sociale, le « cham-
bardement final », il faut le préparer par des travaux
d'approche, des sapes, des escarmouches, des em-
buscades, des combats d'avant-postes; et pour cette
besogne, tous les moyens sont permis, toutes les
ruses sont bonnes. C'est la guerre ; et à la guerre, il

n'y a qu'une morale : faire du mal à l'ennemi; il n'y
a qu'un but : le succès.

Des possibilistes, les opportunistes du socialisme,
MM. Brousse, Prudent-Dervilliers, Harry, Lavy, Pau-
lard, signaient en 1881 un programme dans lequel ils
disaient :

> Considérant que le prolétariat en lutte doit faire usage
> de tous les moyens en son pouvoir... : résistance écono-
> mique (grève), vote et force selon les cas.

Le bon socialiste fait parade de manquer à la morale professionnelle, de gâcher la matière première,
« d'en faire le moins possible » de « carotter le singe »
Que le patron soit propriétaire ou débiteur de son
capital, peu importe. Le capital est un voleur. « Faire
rendre gorge à un voleur », dit M. Guesde, est de
toute justice. Donc, tout ce que le bon socialiste prend
sur lui est de bonne prise. Quand les socialistes
désavouent Martinet, ils sont illogiques ou plutôt
hypocrites.

Les socialistes demandent la limitation des heures
de travail, d'un côté, par respect pour la théorie du
surtravail de Karl Marx ; d'un autre côté, parce que,
comme dit Benoît Malon : « La diminution des heures
de travail est le moyen le plus sûr de révolutionner
la classe ouvrière, c'est-à-dire de la ranger sous le
drapeau socialiste (1). »

C'est une victoire immédiate, facile, avec la complicité des bons bourgeois qui « veulent faire quelque

1. Benoît-Malon. *Le Nouveau parti* p. 89.

12.

chose pour les ouvriers ; » les socialistes ont une telle confiance dans leur naïveté qu'ils annoncent tout haut à ces braves gens le rôle de dupes qu'ils veulent leur faire jouer.

On leur a déjà donné la réglementation du travail des femmes, des filles mineures, des enfants. Du moment qu'on règle le travail des femmes adultes, le principe de l'ingérence est établi : donc, on élimine d'abord les femmes de certains métiers; dans ceux où la femme et l'homme collaborent, le travail des femmes, devra être abaissé au niveau de celui des hommes. Des sénateurs, comme M. Maxime Lecomte, le proposeront, et il sera appuyé même par de braves gens qui se diront que onze heures de travail, c'est long, et ne verront pas les répercussions résultant d'une pareille ingérence de l'Etat.

Réduction des heures de travail, soit : mais maintien du salaire ! et s'il est réduit, grèves, comme à Amiens ; envahissement d'ateliers, de manufactures, destruction des objets fabriqués, sentiments de haine. Toutes les relations de la vie sont imbibées d'un pétrole moral qui, à la moindre étincelle, prend feu et fait explosion.

La politique socialiste essaye de mettre toutes les forces sociales des communes, de l'Etat, au profit des salariés dociles aux chefs socialistes contre les patrons, chefs d'ateliers petits ou grands, propriétaires, tous ceux qui, ingénieurs, directeurs à un titre quelconque, font partie du capitalisme.

Comme instruments de cette politique, les socialistes se servent des conseils de prud'hommes, dans lesquels les juges ouvriers ont pour mandat impératif de toujours donner tort aux patrons. C'est ainsi qu'ils comprennent l'impartialité et la justice. Leurs élections faites dans ces conditions sont annulées par le Conseil de Préfecture et par le Conseil d'Etat, il est vrai; mais pendant six ou huit mois, ils ont fait comparaître devant eux des patrons, les ont traités avec grossièreté et les ont condamnés.

Je ne reviendrai pas sur ce que j'ai dit, dans la *Tyrannie socialiste*, sur la Bourse du travail, mais si la Bourse du travail a été fermée à Paris, les établissements de ce genre se sont multipliés dans les départements.

En juillet 1891, il n'y avait que douze Bourses de travail, dix-neuf en novembre 1892. Aujourd'hui on en compte trente-deux dans les trente et une villes, (Bordeaux possède deux Bourses du travail) dont voici la liste : Agen, Aix, Alger, Angers, Angoulême, Béziers, Boulogne-sur-Mer, Bordeaux, Cahors Carcassonne, Cette, Châtellerault, Cholet, Cognac, Cours, Dijon. Lyon, Marseille, Montpellier, Nantes, Nice, Paris, Nîmes, Rennes, Roanne, Saint-Etienne, Saint-Girons. Saint-Nazaire, Toulon, Toulouse, Tours.

La plupart continuent les mêmes errements que la Bourse du travail de Paris. Ce sont des agences électorales et des foyers de révolution sociale. Les succès électoraux inattendus qu'a préparés, aux frais des contribuables, cette institution, ont redoublé l'ardeur de ceux qui exploitent ce genre d'établissements.

La tyrannie des syndicats s'affirme de plus en plus. Défense à un patron de prendre des ouvriers non syndiqués ou mise en interdit de sa maison, défense de prendre des apprentis. Ceux qui ont à souffrir de cette tyrannie, ce sont les travailleurs qui ont l'outre-cuidance de faire honneur à leur métier et de ne .pas se plier aux exigences de gens qu'ils redoutent et mé-prisent. Les tyrans de chantier et d'atelier non seule-ment menacent en paroles les ouvriers qui ne veulent pas les suivre, mais dans toutes les grèves, on a vu des malheureux assaillis de coups, assommés, les jambes et les bras cassés, car ils étaient coupable du crime de « vouloir travailler. »

C'étaient contre eux qu'étaient dirigées les tentatives d'attentats à la dynamite qui ont eu lieu pendant la grève du Pas-de-Calais et du Nord 1893 : le 18 oc-tobre, deux explosions, l'une à Bruay, l'autre à Mon-ticourt; destruction par la dynamite d'une partie de la voie ferrée des mines de Lens au Pont-l'Abbaye; le 20 octobre, quatre cartouches à Bulley-Grenay, placées en face des maisons d'ouvriers non grévistes. Une cinquième, lancée dans une autre maison, en brisant un carreau; la mèche allumée mit le feu à des vêtements déposés sur une voiture d'enfants; le 23, violente explosion de dynamite placée con-tre la maison d'un mineur à Roost-Varendin. Le 30 octobre, quatre explosions de dynamite, au même moment, dans les corons de la fosse 8 des mines de Lens, située sur le territoire de Verdin-le-Vieil; les cartouches avaient été introduites dans les soupiraux des caves. Le 1er novembre, une explosion à Bruay, une autre à Buissière, une troisième à Ous-tan, entraînant des dégâts matériels considérables, mais sans accidents de personnes.

Seize! et j'en oublie probablement, et en outre,

menaces d'accidents prémédités dans le fond de la mine! Un éboulement volontaire qui écrase les membres d'un camarade est si facile!

La grève est le grand instrument de guerre. Ce n'est point, pour les socialistes, un acte économique. C'est le combat d'avant-garde, destiné à aguérir les troupes, à user et à fatiguer l'ennemi.

En 1880, quand une grève éclata dans l'industrie textile du Nord, à Tourcoing, à Lille, à Halluin, à Armentières, le *Révolté* de Genève disait :

« Cette grève prenait au commencement des allures assez sérieuses ; il s'agissait d'employer la dynamite. (1) »

« Même une grève vaincue, dit Benoît Malon, a son utilité si on ne s'en sert, comme le recommande Lafargue, avec tant de raison, que comme un moyen d'ébullitionner les masses ouvrières (2) ».

Quoique imprimé, ce conseil fait partie du socialisme ésotérique, mais, avec raison, les prêtres du socialisme se disent qu'ils n'ont pas à se gêner; que les initiés seuls connaissent leurs vrais projets, car leurs adversaires ne se donnent pas la peine de les étudier; et, en effet, ils ne se gênent pas. Ils ont une merveilleuse impudence dans l'hypocrisie. Oubliant qu'ils ont déclaré eux-mêmes que la grève était une arme de guerre entre leurs mains, et rien de plus, aussitôt qu'ils sont parvenus à en fomenter une, ils s'écrient que les patrons l'ont provoquée ; ils se répandent en jérémiades de mendiants: ils geignent

1. Cité par la *Grande Revue*, 12 janv. 92.
2. Benoît Malon. *Le Nouveau parti*, p. 90.

sur les injustices dont ils se prétendent victimes ; ils essayent d'apitoyer les passants sur leur sort; ils jouent aux Clopin Trouillefou et autres malandrins de la Cour des Miracles ; ils se lamentent en public sur des infirmités factices et dans le secret, préparent des embûches contre le naïf qui, se laissant attendrir, s'engagera à leur suite.

II. — Ces partisans de l'expropriation doivent approprier leurs moyens d'action au but poursuivi.

M. Goblet, dans son manifeste du 21 novembre 1892, appelait à lui tous les socialistes « si hardies que paraissent leurs idées » et il publiait dans la *Petite République* tous les manifestes de tous les groupes socialistes révolutionnaires.

Mais il s'était gardé prudemment une porte de sortie. Il acceptait les théories les plus hardies, mais il « repoussait la violence ».

Qu'est-ce donc que la violence ? Consiste-t-elle seulement en coups de poignard ou de fusil, ou en explosions de dynamite ? N'y a-t-il pas des violences légales ? Quand l'esclavage était consacré par la loi, l'esclave n'était-il donc pas la victime d'une violence ? Il y a eu des lois régulièrement votées par la Convention en 1793, telle que la loi du 22 prairial sur les suspects : n'était-ce donc pas une violence ? Il peut y avoir des lois de confiscation : parce que je serai volé légalement, en serai-je moins volé ? M. Goblet a déposé sa proposition de loi portant confiscation des mines : la prend-il pour une loi bénigne ?

Il faut donc laisser de côté cette habileté hypocrite de la politique de certains socialistes. Quoi qu'ils disent et veuillent faire, leur politique est violente de son essence, parce qu'elle est la contrainte ; elle ne se présente pas, comme devant donner plus de justice et de liberté à tous : elle se présente comme oppressive et spoliatrice à l'égard de la plus grande partie de l'humanité.

M. Goblet veut donner pour compagnon, au guillotiné par persuasion, l'exproprié par persuasion. L'un et l'autre ont de la méfiance.

Quand le Fra Diavolo classique menaçait le voyageur également classique de son escopette et que celui-ci s'empressait de dire : — « Voici ma bourse », Fra Diavolo ne manquait pas de répondre avec un aimable sourire : — « Je savais bien qu'entre gens d'esprit, on peut toujours s'entendre. »

Etes-vous pour ou contre la suppression de la propriété ?

Voilà la question.

Si vous répondez : Oui, vous êtes un voleur, collectif ou individuel, peu importe. Car du moment que je ne veux pas vous donner ma propriété, vous me menacez de la prendre par la force.

Or, la résolution du quatrième Congrès national ouvrier, tenu au Havre, en novembre 1880, disait :

« Le Congrès national ouvrier socialiste du Havre déclare nécessaire l'appropriation collective, le plus vite possible et par tous les moyens, du sol, du sous-sol, instruments de travail, cette période étant considérée comme une phase transitoire vers le communisme libertaire. »

Elle fut adoptée par 48 voix contre 7.

La politique socialiste est la guerre sociale. Les

Congrès, les théoriciens, les orateurs socialistes n'ont cessé de le proclamer, non seulement en Allemagne, mais en France.

Le neuvième Congrès ouvrier de la fédération du Centre a fait précéder ses résolutions de la déclaration suivante.

« Il est nécessaire que le prolétariat s'organise sur le terrain de la lutte des classes sans compromission aucune en vue de la Révolution sociale, car malgré le bien fondé des mises en demeure faites par les travailleurs conscients à la classe possédante et dirigeante, cette dernière ne cédera que devant la force. »

. La *Question sociale* de Bordeaux exprime ainsi l'opinion des socialistes sur la révolution qu'ils préparent :

Quant à faire de la prochaine transformation sociale une révolution pacifique et non violente, cela dépend exclusivement de la classe capitaliste, selon qu'elle sera assez aveugle pour opposer une résistance acharnée aux revendications du prolétariat socialiste, ou qu'elle sera assez prudente pour faire en temps voulu les concessions nécessaires et se soumettre — c'est-à-dire se démettre.

La plupart des membres de l'Union socialiste de MM. Goblet et Millerand sont collaborateurs de l'*Almanach de la question sociale* pour 1894, dont nous pourrions multiplier les citations :

La révolution que nous prônons et que nous voulons, c'est celle de 93, celle des hébertistes, celle de 71, celle

des communeux, celle qui fauche, qui désagrège tout ce
qui lui résiste, qui va droit au but et ne se laisse pas
arrêter par les singeries sentimentales et mystiques.

Citoyens, pensez bien à cela pour qu'au jour arrivé
vous ne reculiez pas devant l'horreur des moyens et que
droit vous alliez au but. — J.-L. Breton.

Tous les ans, le 28 mai, les collectivistes et socialistes révolutionnaires et possibilistes vont au Père-
Lachaise célébrer quoi ? les exploits de la Commune,
et proclamer sa revanche.

Est-ce donc une revanche en douceur que rêvaient
les socialistes lorsqu'ils évoquaient les hauts faits de
Blanqui et du général Eudes, à qui le conseil municipal de Paris a accordé une concession de terrain
pour les services qu'il a rendus à la Révolution
sociale, et applaudissaient aux paroles de M. Vaillant
(10 septembre 1893) :

Et sur les tombes d'Eudes et de Blanqui, sur le champ
de sépulture des fédérés de la Commune, nous, membres
du comité révolutionnaire central, fédérés de ce grand
parti socialiste, nous pouvons jurer de nouveau que nous
poursuivrons le combat de la classe ouvrière et du socialisme jusqu'à l'anéantissement du capitalisme, jusqu'à la
victoire de la République socialiste et de la Révolution.

Le théoricien mystique du socialisme français,
M. Benoît Malon, disait dans son programme : *le Nouveau parti :*

La force est l'accoucheuse des sociétés nouvelles.

13

M. Gabriel Deville, le théoricien du marxisme français et du guesdisme, a consacré, dans son *Aperçu sur le socialisme scientifique*, qui précède une traduction d'un résumé du *Capital* de Karl Marx, tout le chapitre V à développer cette proposition qui en forme le titre : *Impuissance de toutes les méthodes pacifiques.*

La seule transformation à poursuivre est la transformation du mode de propriété.

Par quels moyens ? L'instruction ? Oui. Mais pourquoi ?

Si l'éducation de la classe ouvrière peut la pousser à employer la force pour hâter la solution nécessaire, elle est incapable de suppléer à cet emploi.

De même le suffrage universel. A quoi doit-il servir ?

Si l'on doit user du suffrage universel, puisqu'il existe, il ne faut lui demander que ce qu'il peut donner. Qu'il serve à réparer le mal causé par la fusion politique du prolétariat et de la bourgeoisie, en formant, en dehors de tous les partis bourgeois, l'armée de la révolution sociale.
Le moyen de hâter, à l'aide du suffrage universel, cette formation de l'armée ouvrière, c'est la candidature de classe, continuant en politique la guerre de classe.

M. Gabriel Deville termine son chapitre en disant :

Bien que conforme aux conditions économiques du moment, une transformation sociale telle que l'abolition du prolétariat actuellement chez nous, ne s'opère pas sans perturbation violente : tout enfantement est accompagné d'effusion de sang.

Le chapitre suivant a pour titre : *Notre Révolution*. Il commence par ces mots, dont nous reconnaissons la justesse :

Une caste propriétaire ne se dépossède pas spontanément.

Et alors il continue :

Le grand révolutionnaire Auguste Blanqui, en France, et Marx, en Allemagne, sont les premiers à avoir affirmé qu'une entente n'était pas possible, et que la rénovation sociale se fera non avec, mais contre la bourgeoisie.

M. Gabriel Deville l'engage à faire des concessions aux socialistes, afin que ceux-ci puissent s'en servir contre-elle :

Tout au plus celle-ci, acculée dans ses derniers retranchements, accordera-t-elle quelques réformes afin d'apaiser des revendications alarmantes. Et ce ne sont pas les socialistes qui la verraient de mauvais œil entrer dans cette voie.

C'est avec joie qu'ils accueilleraient, par exemple, la limitation des heures de travail. Les heures exténuantes employées à enrichir les capitalistes pourraient être alors utilisées pour l'action politique et la propagande socialiste, auxquelles est physiquement réfractaire l'ouvrier maintenu des douze et quinze heures dans des bagnes industriels...

Accorder des réformes, c'est nous jeter des armes, c'est nous rendre plus forts contre nos adversaires devenant chaque jour plus faibles à mesure que nous le sommes moins. L'appétit vient en mangeant, Plus on obtient plus on exige : aussi les réformes effectuées, au lieu d'enrayer le mouvement révolutionnaire, pousseraient à lutter, en même temps qu'elles fourniraient des hommes plus aptes à la lutte. Les socialistes seront donc heureux de toute réforme. Seulement ces réformes, conquêtes de détail, ne sauraient faire l'économie du combat final, parce que, quels que puissent être les amoindrissements successifs de ses privilèges par elle consentis sous la pression des événements, la bourgeoisie voudra toujours en garder quelque chose.

Qu'on le déplore ou non, la force est le seul moyen de procéder à la rénovation économique de la société...

Le parti ouvrier n'est encore que la minorité consciente du prolétariat, et, néanmoins, il fait appel à la force. Quel aveuglement ! s'écrie-t-on. En le critiquant sur ce point, on oublie que la plupart des révolutions sont l'œuvre de minorités dont la volonté tenace et courageuse a été secondée par l'apathie de majorités moins énergiques.

La première chose à faire est de déloger la bourgeoisie du gouvernement. Les révolutionnaires n'ont pas plus à choisir les armes qu'à décider du jour de la Révolution. Ils n'auront, à cet égard, qu'à se préoccuper d'une chose, de l'efficacité de leurs armes, sans s'inquiéter de leur nature. Il leur faudra, évidemment, afin de s'assurer les chances de victoire, n'être pas inférieurs à leurs adversaires et, par conséquent, *utiliser toutes les ressources que la science met à la portée de ceux qui ont quelque chose à détruire.*

Voilà la stratégie du parti socialiste nettement et clairement exposée ; et la dernière phrase indique qu'il ne fait point de sensiblerie à propos des moyens.

Il est vrai que, depuis l'explosion du 9 décembre 1893 à la Chambre des députés, M. Gabriel Deville prétend que « parmi les ressources que la science met à la portée de ceux qui ont quelque chose à détruire, » ne sont pas compris les explosifs. Il a envoyé des témoins à M. de La Berge, pour le sommer d'avoir à le reconnaître (1) ! Mais de quelles ressources peut-il donc être question ? M. Chausse, franchement, lui, à la salle Favié, le 1er mai 1892, appelait les procédés de Ravachol « un système d'avant-garde ».

Dans la même réunion, un collectiviste, plus prudent conseilla « d'imiter les jésuites, de jouer à la sagesse, quitte, plus tard, si l'on ne veut pas écouter les réclamations du prolétariat, à user des moyens que la science met à notre disposition. »

Des cris de : « Vive la Chimie ! » éclatant, au milieu de nombreux applaudissements, prouvèrent qu'il avait été compris.

1. *Petite République* du 29 décembre 1893.

CHAPITRE XXVII

La force dans le passé et dans l'avenir.

Exploits célèbres. — César et Marat. — Les groupes. — Les grandes dates historiques. — Nos aïeux de l'âge de la pierre. — Notre fête nationale. — Des conditions de l'emploi de la force. — En France, égalité des droits. — Donc aucun prétexte pour la force. — Révolution économique et violence : contradiction dans les termes. — La répartition de zéro.

Pour justifier leur appel à la force, on a vu que les socialistes invoquaient l'expérience du passé. Ils n'ont pas de peine à rappeler un certain nombre d'exploits célèbres ; crimes particuliers, comme l'assassinat de César ou de Marat ; guerres sociales, comme celle des esclaves, et ils évoquent les images des Gracques frappés, « lançant de la poussière vers le ciel, en attestant les dieux vengeurs : et de cette poussière, naquit Marius, moins grand pour avoir exterminé les Cimbres, que pour avoir abattu, dans Rome, l'aristocratie de la noblesse. » Et triomphants, ils disent : « — la phrase est de Mirabeau. — Désavouez-vous la prise de la Bastille ? » « C'est aux

jacqueries de 89 qu'est due la nuit du 4 août. » (1)
« N'avez-vous pas célébré « les trois glorieuses » et
n'est-ce point des barricades de 1848 qu'est né le suffrage universel ? »

Au point de vue historique, il est incontestable que
la trame de l'histoire de l'humanité est formée de violences, à en juger par les ossements préhistoriques.
Presque tous portent la trace d'entailles et de frac-
tures. Quand nos aïeux de l'âge de pierre n'étaient
pas d'accord, ils ne connaissaient que les coups comme
arguments. Au fur et à mesure que la civilisation s'est
développée, on a remplacé les coups par des discussions. On a eu recours à des arbitres ; on s'est
expliqué, on a transigé : en vertu de la méthode
historique, invoquée par les socialistes révolutionnaires, devrions-nous essayer de revenir à ces procédés rudimentaires et brutaux ? Chez les peuplades africaines, il y a des conspirations, des assassinats de princes, des révolutions tous les jours ; chez les peuples
orientaux, les conspirations de palais sont la trame de
la politique : mais le progrès ne consiste-t-il pas précisément dans *la substitution des procédés pacifiques
aux procédés violents ?*

Il y a eu des Journées insurrectionnelles sous la
Révolution ; et notre fête nationale est l'anniversaire
de l'une d'elles : je n'examine pas s'il n'aurait pas
mieux valu choisir une autre date, telle que celle de la
convocation des États généraux ou celle de la promul-
gation de la Déclaration des droits de l'homme ; mais
une fête vaut par le sens qu'on y attache ; et dans

1. Benoît Malon, *Le Nouveau Parti*, p. 24.

cette date du 14 juillet, est-ce l'insurrection qu'on célèbre ? N'est-ce pas plutôt la chute de la Bastille,
symbole tangible de l'absolutisme royal et de la négation de la liberté individuelle ?

Je n'examine pas si des journées comme celle-là,
comme celle des 5 ou 6 octobre, comme celle du
10 août ont été utiles ou nuisibles à la cause de la
Révolution ; si, en habituant la foule à la force, en
donnant aux uns l'impudence, en inspirant aux
autres la terreur, elles n'ont point été les motifs
déterminants de tous les drames qui ont déchiré
la France pendant vingt-cinq ans et l'ont livrée,
affaiblie et épuisée, à deux invasions étrangères
et à la réaction de la Restauration. Je n'examine
pas davantage si, au point de vue de la théorie
Whig, Charles X ayant violé la charte, la révolution
de 1830 n'était pas légitime.

Je me borne à constater que toutes ces révolutions
étaient des révolutions politiques ; qu'en 1789, il s'agissait de remplacer la fantaisie du roi et de ses favoris,
par des droits, des lois, la liberté, la propriété, l'égalité, la sûreté personnelle, et que lorsque des hommes sont maintenus par la force dans un état d'inégalité et de sujétion, ils n'ont d'autre ressource que
de se servir de la force contre la force.

Mais les socialistes peuvent-ils invoquer de semblables motifs, en France du moins ? Est-ce que tous les
citoyens n'ont pas des droits égaux ? Si la loi maintient encore certaines inégalités, le Parlement n'est-il
pas là pour les supprimer, sous une pression de l'opinion publique ? Y a-t-il une porte fermée par nos institutions à quoi que ce soit : maréchaux de l'empire,

fils de tonnelier, comme Ney, garçon d'auberge, comme Murat, petit mercier, comme Jourdan ; à l'heure actuelle, des députés peuvent ne savoir ni lire ni écrire ; de hauts fonctionnaires sont d'anciens boursiers de l'Ecole polytechnique ; des ministres ont été apprentis comme Burdeau, et le président de la Chambre, M. Dupuy, est fils d'un modeste huissier de préfecture.

Combien de grands entrepreneurs de travaux publics n'ont-ils pas commencé comme manœuvres et tâcherons ? J'ai entendu raconter leur histoire par MM. Vattel et Hunebelle. Ils sont nombreux, les hommes possédant hôtels, qui peuvent dire qu' « ils sont venus en sabots à Paris ».

Les droits à conquérir pour une caste opprimée, c'est la liberté et l'égalité des droits. Si on les lui refuse par force, qu'elle les conquière par la force : c'est l'histoire.

Mais, aujourd'hui, où sont les derniers vestiges d'inégalités de droits, qui ne puissent être supprimés par l'action légale de nos institutions ?

Il ne s'agit pas, dans la conception des socialistes, d'une révolution ayant pour but de faire arriver au grand jour des droits méconnus ; il s'agit d'une révolution de caste, ayant pour objet de mettre au pouvoir une classe.

Que disons-nous ? une classe n'existe qu'à la condition de pouvoir être déterminée et définie : et le Quatrième Etat ne peut l'être. Il s'agit d'un groupe, d'une coterie, d'une bande, agglomérée par l'esprit de rapacité, dont les membres se déchireraient le lendemain de la victoire, et qui disparaîtrait, comme les

13.

anabaptistes de Munster, comme la Commune de
Paris, après une orgie de pillage et de terreur.

Ils parlent de « révolution économique ». Révolution de la ruine. Les pavés des barricades de juin
ne se sont point changés en pains de quatre livres.
Les incendies de la Commune n'ont fait bouillir aucune marmite. Les grèves, les menaces, l'agitation
socialiste paralysent les affaires, éloignent les capacités et les capitaux des entreprises : et les socialistes
oublient qu'avant d'obtenir « une plus juste répartition de la richesse », il faut qu'il y ait d'abord de la
richesse. La répartition de zéro n'est ni juste, ni
injuste : elle est nulle. Et tous les socialistes et anarchistes s'efforcent de produire ce zéro.

LIVRE IV

L'INDIVIDUALISME ET LE SOCIALISME

CHAPITRE PREMIER

Le contrat social et l'individu.

Au nom de quel principe? — Le contrat social de Hobbes et de
Rousseau. — « Aliénation de droits ». — De quels droits? —
A qui? — Premières sociétés. — Société de familles. — La
liberté dans la cité antique. — Le droit collectif écrase l'individu. — Jusqu'à quelles limites. — Observation de Voltaire. —
Unité humaine irréductible. — Les droits de l'homme, c'est la
conscience de l'individualité. — Définition d'Holbach. — L'État
est une abstraction. — Bentham : les intérêts individuels sont les
seuls intérêts réels.

— Mais enfin pourquoi la Société — ou si vous préférez
un terme moins ambitieux, l'État, ne se chargerait-il
pas d'une partie des fonctions économiques que vous
reprochez aux socialistes de vouloir lui attribuer? Au
nom de quel principe? N'est-ce pas tout simplement
une question de plus ou de moins ? Est-ce que
« l'homme, en entrant en société, n'a pas abandonné
une partie de ses droits pour mieux s'assurer les

autres »? Est-ce que dans l'état de nature les biens n'étaient pas en commun? Ce régime est donc possible, on peut y revenir. Est-ce que l'État ne nourrissait pas la populace de Rome? Pourquoi l'État n'aurait-il pas le monopole du commerce des blés? Pourquoi pas celui de l'alcool? Il a bien celui des tabacs et des allumettes. Pourquoi ne se chargerait-il pas de services qu'il a remplis plus ou moins dans le passé et qu'il peut remplir mieux dans l'avenir?

Cette question part d'abord de cette fausse conception du contrat social de Hobbes et de Rousseau qui a dominé la Révolution et qui continue à dominer la plupart de nos publicistes et de nos hommes politiques.

Hobbes incarne l'État « dans une personne autorisée dans toutes ses actions, par un certain nombre d'hommes ». Il remet à cette personne l'épée de la justice et l'épée de la guerre, le droit de juger, de nommer aux emplois, le droit de fixer ce qui est juste et injuste, le droit d'autoriser ou de produire des doctrines ou des opinions, le droit de propriété.

Montesquieu lui-même dit : « Les hommes ont renoncé à leur indépendance naturelle pour vivre avec des lois politiques. »

Rousseau imagine un contrat social, qui met fin à l'état de nature, et dont « les clauses bien entendues se réduisent à une seule, savoir l'aliénation totale de chaque associé avec tous ses droits à toute la communauté. L'aliénation se faisant sans réserves, l'union est aussi puissante qu'elle peut l'être et nul n'a plus rien à réclamer (1). »

1. *Cont. social*, liv. I, ch. 7.

Il insiste sur le danger que courrait la société s'il restait quelques droits aux particuliers.

« Chacun de nous met en commun sa personne et toute sa puissance, sous la suprême direction de la volonté générale, et nous recevons en corps chaque membre comme partie indivisible du tout. Afin que le pacte social ne soit pas un vain mot, il renferme tacitement cet engagement qui peut seul donner la force aux autres : que quiconque refusera d'obéir à la volonté générale y sera contraint par tout le corps : ce qui ne signifie autre chose, sinon qu'on le forcera d'être libre !

On? Qui, on? Ce n'est personne. Où a eu lieu et par qui l'abandon de ces « certains droits » pour mieux s'assurer des autres, et qui pourrait dire quels sont ces autres (1)? Et à qui, entre les mains de qui, cet homme impersonnel a-t-il abandonné « ses droits » ?

Où, quand des hommes, jusque-là complètement isolés, se sont-ils réunis, ont-ils pu causer, se comprendre et rédiger le contrat dans lequel ils ont fait cette aliénation solennelle ?

Cela, c'est le roman qui a fait couler tant de flots d'encre et de sang. La vérité, elle nous est livrée par les colonies animales que nous pouvons observer et par les dernières populations des types primitifs. Ce sont les besoins qui agglomèrent, entre eux, hommes, femmes, petits. La terre est commune : l'individualisation de la propriété commence par les objets mo-

1. Paul Lacombe. *Mes Droits.*

biliers, le costume, l'ornement, l'arme ou l'outil. Quand
la société arrive à un type supérieur, les plus forts et
les plus habiles prennent la direction et s'arrogent
le pouvoir.

Les premières sociétés sont des sociétés de famille
et fondées sur ce type : le père de famille prend
soin de ses enfants, de sa femme, de ses esclaves qui,
en retour, lui doivent obéissance. Il fait de la justice
distributive selon sa sagesse. L'homme, tout entier,
est engagé au chef. Il lui doit tout son temps et toutes
ses forces, sa pensée même, car il a les mêmes dieux.
Dans ces premiers groupes humains, la personnalité
humaine n'existe pas. S'il y a une unité sociale, c'est
la famille (1).

Quand des agrégats de familles forment la cité
antique, le citoyen se retrouve engagé tout entier à
la cité comme il l'était à la famille.

Quand des hommes ont fait des lois politiques,
ils ont toujours eu pour objet, non pas de renoncer
à leur indépendance, mais de se donner le plus d'indépendance possible : seulement, ils ne comprenaient
souvent la liberté que comme le pouvoir d'opprimer
les autres, et ils cherchaient moins, dans les cités
antiques, à assurer leur liberté individuelle que leur
puissance collective pour se défendre contre l'étranger
et se donner la force de le réduire en esclavage.

Benjamin Constant a, dans un parallèle saisissant,
montré que « chez les anciens l'individu, souverain

---

1. V. Tylor, Herbert Spencer, Letournau. Quoiqu'il y ait certaines sociétés sans chef, cette assertion peut être considérée
comme d'une vérité générale.

dans les rapports publics, est esclave dans tous ses rapports privés » (1). Les socialistes veulent nous ramener à Sparte et à son brouet noir.

La théorie du droit collectif est celle du despotisme. L'intérêt du prince ou des gouvernants est le seul critérium du juste et de l'injuste. Chaque individu est obligé d'obéir, sans être consulté sur ses goûts et ses aptitudes. L'homme n'est qu'un moyen dans la main du souverain.

Seulement, l'unité humaine est irréductible, même dans les civilisations les plus despotiques, là où un homme est tout et les autres rien.

Le pouvoir de l'autocrate est limité. Voltaire l'a constaté avec sa netteté habituelle : « Le roi de la Chine, le grand Mogol, le padisha de Turquie ne peut dire au dernier des hommes : Je te défends de digérer, d'aller à la garde-robe et de penser. »

Ce que les hommes appellent leurs droits, c'est la conscience de leur individualité. L'huître n'a jamais réclamé de n'être pas mangée par l'homme ; le bœuf protesterait contre l'abattoir, s'il comprenait. Le fellah égyptien n'a jamais songé à réclamer des droits (2).

La définition d'Holbach reste vraie : « Les droits de l'homme consistent dans le libre usage de ses volontés et de ses facultés. »

L'État est une abstraction, mais représentée par des individus susceptibles de toutes les passions, de tous

1. Benjamin Constant, *Cours de polit. constitutionnelle*, t. II, p. 541.
2. Georges Perrot, *Histoire de l'Art*, t. I, p. 25.

les vices des autres individus et pouvant en avoir quelques autres en plus.

L'individu est une réalité; et malgré sa théorie de l'utilité du plus grand nombre, Bentham a été obligé de reconnaître que « les intérêts individuels sont les seuls intérêts réels » (1).

Dans une société individualiste, l'homme n'est plus un moyen, mais est son propre but à lui-même.

1. OEuvres complètes, t. I, p. 79.

CHAPITRE II

Les constitutions et les fonctions de l'Etat.

Caractères des constitutions. — Les constitutions sont modernes. — La constitution des États-Unis. — La base des constitutions est la spécification des intérêts que les contractants entendent mettre en commun ou se réserver. — Les constitutions doivent être des garanties pour les individus, — L'association commerciale et l'association politique. — C° *limited*. — Ce que l'État ne doit pas faire. — Attributions de l'État. — Théorie individualiste. — Liberté du débat, sécurité du contrat. — Théorie socialiste. — Les individualistes et le pouvoir. — « La souveraineté » et les usurpations de pouvoirs. — Conditions essentielles de tout gouvernement. — L'individualiste veut que l'État fasse peu et bien : les socialistes que l'État se charge de tout et ne fasse rien.

Une constitution est la substitution d'un contrat positif au contrat subjectif d'Hobbes et de Rousseau, au droit impératif dérivant de la force, de la naissance, de la tradition ou de la religion.

Les constitutions sont choses modernes et très rares jusqu'au XIX⁰ siècle.

Des publicistes peuvent soutenir que l'Angleterre même n'a pas de constitution au vrai sens du mot et que la première constitution qui ait paru dans le monde est celle des États-Unis de 1787.

Aux États-Unis, l'agrégation a été volontaire, de l'individu à l'État, de l'État à la fédération. En France, l'agrégation a été forcée, imposée par la politique ou la violence du roi. Nous portons toujours l'empreinte de cette coercition; même quand nous voulons nous dégager, nous restons écrasés sous la pression de l'étau. Nous comprenons théoriquement l'individualisme, nous n'avons pas encore su le pratiquer.

Les constitutions écrites, connues, réelles, ne sont pas des renonciations de droits; c'est, au contraire, l'affirmation de droits : tels le *Bill of Rights* de 1689 en Angleterre, la Constitution des États-Unis de 1787 et enfin la Constitution française de 1791. Dans ces actes, les hommes mettent en commun certains intérêts; —mais ils ont soin de spécifier ceux qu'ils entendent expressément se réserver, et ceux qu'ils se réservent prennent le nom de libertés.

Toutes les constitutions que nous venons de mentionner et toutes celles qui ont été calquées sur elles, ont eu pour objet d'assurer aux individus le pouvoir d'agir et de faire garantir par l'État la sécurité de leur action.

On peut dire que le progrès politique a suivi lentement le progrès de l'association commerciale. Au fur et à mesure que les rapports commerciaux se développent, l'association spécifie de plus en plus nettement l'objet du contrat et ses limites.

Cᵒ *limited*. —Sociétés à responsabilité limitée, dans laquelle l'individu n'engage qu'une certaine portion de son capital et ne l'engage pas tout entier.

Nos constitutions modernes ont pour but de réserver certains intérêts que l'individu ne veut pas mettre en commun : sa pensée, sa foi, sa liberté de travailler, sa personne, sa propriété. *Limited !* L'État ne touchera à sa propriété pour le fonds commun qu'avec son consentement donné directement ou par ses mandataires, sous certaines conditions; l'État ne pourra toucher à sa personne que, dans certaines conditions, pour des services publics, comme la défense nationale, ou pour préserver la sécurité publique, s'il se rend coupable de délits ou de crimes ; l'État ne devra pas l'empêcher de travailler où et quand bon lui semblera; d'avoir le culte qu'il lui plaira ou de ne pas en avoir ; de juger les idées, les doctrines ou les faits d'après son opinion personnelle et non d'après l'ordre de l'État ; et une société est en progrès quand ces attributs de l'individu deviennent de plus en plus inattaqués et inattaquables et se précisent davantage. Elle recule, quand ces attributs ne sont plus respectés, quand la personnalité du citoyen en arrive à se perdre dans un amalgame confus.

Tout droit reconnu, fixé dans une constitution, est une conquête sur l'arbitraire.

L'amendement IX de la constitution des États-Unis a soin d'ajouter :

L'énumération faite, dans cette constitution, de certains droits, ne pourra être interprétée de manière à affaiblir ou à exclure d'autres droits conservés par le peuple.

Ce qui distingue le contrat politique du contrat

commercial, c'est que celui-ci a pour objet l'échange de services ou de marchandises, avec gain, tandis que le contrat politique ne doit avoir pour objet que d'assurer la sécurité de l'action des participants.

L'État, ou pour mieux dire le Gouvernement, a un devoir positif et un devoir négatif :

1° L'État doit administrer les intérêts communs qui ne peuvent être divisés sans être détruits, comme la sécurité extérieure et intérieure.

2° L'État ne doit faire que ce que l'initiative privée est incapable de réaliser, et il ne doit le faire que dans l'intérêt de tous; il ne doit se livrer à aucune entreprise pouvant donner un gain.

Telle est la théorie de Quesnay, de Turgot, de Mirabeau, de Humboldt (1), de Laboulaye, de Cobden, de John Bright, d'Herbert Spencer et de tous les individualistes : c'est la base de la Déclaration des Droits de l'homme.

Il n'y a que les atteintes à la liberté d'action d'autrui qui appellent l'intervention d'une puissance autre que celle de l'individu. Alors la contrainte est nécessaire pour empêcher une contrainte pire, et c'est la nécessité qui est le critérium de l'intervention.

Doivent être interdits les actes qui, par fraude ou force, portent atteinte à la liberté des actes d'autrui, ou vraisemblablement doivent amener ce résultat. Un individu, possesseur de dynamite, dont il ne peut justifier l'usage, peut être frappé pour cette possession.

Tous les autres actes doivent être l'objet de conventions privées, tacites ou explicites.

1. Humboldt. *Des limites de l'action de l'État.*

Le rôle de l'État est de respecter la liberté du débat et d'assurer la sécurité du contrat.

La loi ne doit intervenir que pour en assurer l'exécution.

Dans un régime de liberté, ainsi compris, la loi ne diminue pas notre puissance d'action ; elle l'augmente, en nous donnant la sécurité de l'action.

Le gouvernant n'a pas à dire à l'homme : « Travaille et je te récompenserai, » mais : « Travaille avec sécurité, et je te garantis les résultats de ton travail. »

Il est vrai que Cauer, l'éditeur même de Guillaume de Humboldt, dit : « Notre but n'est pas de mettre notre volonté à l'abri de la puissance de l'État, mais de la faire passer dans cette puissance. » C'est la théorie de Rousseau et de tous les autoritaires. C'est la théorie des socialistes. Ils veulent avoir le pouvoir pour y faire la politique d'oppression et de spoliation qu'ils proclament hautement.

Le but des vrais libéraux, quand ils sont au pouvoir, doit être, au contraire, de garantir la sécurité extérieure et intérieure de la nation ; de maintenir la garantie des droits acquis, de dégager les droits méconnus, d'assurer la justice pour tous, contre toute oppression et tout privilège, et d'administrer avec vigilance et scrupule les intérêts de la nation, sans jamais les sacrifier à des intérêts particuliers.

Qu'est-ce que la « souveraineté » dont parle l'article 1er du titre III de la constitution de 1791 ? « Aucune section du peuple ni aucun individu ne peut s'en attribuer l'exercice ; » mais qu'est-ce que la nation à qui la constitution le reconnaît ?

Ce mot pompeux de « souveraineté » représente une vieille idée de domination, transformée en un mot métaphysique. Plus modestement, on peut dire que les représentants de l'association politique, ceux qui sont chargés de ses intérêts généraux, de sa sécurité intérieure et extérieure, doivent avoir les pouvoirs nécessaires pour l'assurer; et qu'une fois qu'ils ont ces pouvoirs, nul ne doit essayer de vouloir agir, en même temps qu'eux ou concurremment avec eux.

Dans une société commerciale, si un individu, sans mandat, se mêlait d'engager les ressources de la société, d'agir pour elle, s'attribuait un rôle qui ne lui aurait pas été régulièrement reconnu, il serait mis à la porte et passible de pénalités pécuniaires et personnelles.

Dans une nation, à plus forte raison, nul n'a le droit de s'arroger des fonctions, un rôle, d'édicter des lois contraires aux lois générales, de faire une police contre la police, de frapper des individus d'interdit, etc., comme nous l'avons vu faire, sous la Révolution, par le club des Jacobins, sous la Restauration par la Congrégation, et comme nous le voyons faire par des syndicats.

Tandis que les socialistes veulent que « la Société », c'est-à-dire l'État, fasse tout, ils considèrent avec leur logique accoutumée, que le gouvernement ne doit remplir aucune des conditions du gouvernement.

Or, qu'il soit monarchique ou démocratique, despotique ou libéral, tout gouvernement sous peine de suicide doit : 1° assurer la sécurité nationale, la préserver de toute atteinte aussi bien au point de vue moral qu'au point de vue matériel; 2° garantir la sécurité, au point de vue civil et au point de vue criminel.

Plus un gouvernement remplit complètement ces deux objets, meilleur il est; plus il s'en écarte et plus il est mauvais.

Les ignorants s'imaginent que les individualistes sont des anarchistes, et ils sont surpris s'ils voient tout d'un coup l'un d'eux, appelé au pouvoir par le hasard des circonstances, agir avec décision et énergie et ne pas tolérer que l'action du gouvernement soit entravée par des tyrannies d'individus audacieux ou de groupes, parlementaires ou autres.

C'est l'étonnement que j'ai occasionné, quand je suis devenu ministre, aux badauds qui ne me connaissaient pas ou n'avaient jamais lu mes livres. Autrement ils auraient su que ce qui distingue l'individualiste du socialiste, c'est que si le premier veut que l'État ait peu de fonctions, mais nettement déterminées, il entend qu'il les remplisse bien, tandis que le second veut que l'État se **charge de tout**, mais ne **fasse rien.**

CHAPITRE III

Nécessité d'une garantie constitutionnelle pour les Droits individuels.

Ce qui a manqué aux diverses constitutions. — Limites des droits du Congrès américain. — Le pouvoir judiciaire. — Caractère de son intervention. — La journée de 8 heures et la Cour de New-York. — Mandat limité du congrès. — Pouvoirs du mandataire dans le droit privé. — Lacune de la constitution de 1875. — Nécessité d'une revision. — Principes à établir.

Au *Bill of Rights* anglais, à la Déclaration des Droits de l'homme de 89, aux articles de la Charte les consacrant, à la Constitution de 1852 qui se mettait sous leur patronage, ce qui manque, c'est une sanction.

Le *Bill of Rights* a été établi contre le roi ; mais si la Chambre des communes devient oppressive à l'égard du citoyen, quelle sera la sauvegarde de celui-ci ? N'a-t-on pas dit qu'elle pouvait tout faire, sauf changer une femme en homme ? Rien que la faible résistance des lords, qui peut toujours être réduite par une fournée, ne s'oppose donc aux lois tyranniques qu'il pourrait convenir à une Chambre des communes d'établir. Nous la voyons ainsi s'immiscer dans le contrat de travail, en intervenant pour réglementer sa durée, en imposant l'assurance obligatoire en cas d'accidents, et menacer la liberté individuelle de nouveaux empiètements. C'est le despotisme de la majorité.

Aux États-Unis, il en est autrement.

« Le congrès américain, dit James Bryce, est doublement limité. Il ne peut faire des lois que pour certains objets déterminés par la Constitution, et en légiférant sur eux, il ne peut transgresser aucune des dispositions de la Constitution elle-même. Le courant ne peut pas remonter au-dessus de sa source. »

Qui maintiendra le courant? Le pouvoir judiciaire.

Le pouvoir judiciaire institué par l'article III de la Constitution des États-Unis est formé d'une Cour suprême et de Cours fédérales. Dans toutes les causes concernant les ambassadeurs, les autres ministres publics ou les consuls, et dans les causes dans lesquelles un État est partie, la Cour suprême exerce la juridiction du premier degré. Dans tous les autres cas, la Cour suprême a la juridiction d'appel tant sur le droit que sur le fait.

Le pouvoir judiciaire s'étend à toutes les causes en matière de droit et d'équité qui s'élèvent sous l'empire de cette Constitution.

Et l'article VI déclare :

Cette Constitution et les lois des États-Unis qui seront faites en conséquence composeront la loi suprême du pays. Les juges de chaque État seront tenus de s'y conformer, nonobstant toute disposition qui, d'après les lois ou la constitution d'un État quelconque, serait en opposition avec cette loi suprème.

Comme l'a fait remarquer avec raison M. James Bryce (1), les juges américains ont, non pas à contrôler la législature, mais à interpréter la loi : et si la loi est contraire à la constitution, ils donnent raison au citoyen qui refuse de s'y conformer. C'est ce qui est arrivé quand l'État de New-York, en 1878, voulut réduire à huit heures la journée de travail pour les travaux faits pour le compte de l'État ou des communes. D'après la jurisprudence de la cour de New-York, le contrat privé prime la loi (2) qui disparaît devant lui, au nom des libertés assurées au citoyen par la constitution.

En un mot le congrès a reçu de la constitution un mandat limité, et il ne peut pas plus le dépasser qu'un mandataire ayant reçu procuration pour recevoir des fermages ne pourrait hypothéquer, vendre ou acheter des propriétés; qu'un représentant de commerce, chargé de vendre de la marchandise, n'a qualité pour en toucher le prix, sans délégation spéciale. S'il outrepasse son mandat, les tribunaux déclarent ses actes entachés de nullité : et cette règle du droit privé, le pouvoir judiciaire des États-Unis, l'applique au congrès. Ce fait vient encore à l'appui de ce que j'ai dit: c'est que l'œuvre à accomplir, c'est de transporter dans le droit politique les règles des contrats privés.

Or, en France, si nous avons proclamé dès

1. *The American Commonwealth*, t. I, p. 347.
2. V. *Tyrannie socialiste*, p. 111.

droits, nous n'avons pas donné de sanction à leur transgression. Quand la Convention a foulé ouvertement aux pieds les principes de 89, où s'est trouvé le pouvoir pour s'y opposer? Les deux Empires, comme la Restauration, ont continué plus ou moins ouvertement ; et jamais un citoyen n'a pu dire : — Voilà une loi, une mesure, une pratique administrative qui viole les principes de 89 : je vais en appeler !

Notre constitution actuelle, non seulement n'a pas prévu ce cas, mais elle n'est précédée ni suivie d'aucune déclaration, d'aucun article, réservant ce que les citoyens entendent ne pas mettre en commun. De là ce résultat : si dans un moment d'aberration, le suffrage universel envoyait à la Chambre des députés une majorité socialiste, qui ne trouvât pas une force de résistance au Sénat, elle pourrait rétablir l'emprisonnement sans jugement, supprimer toute liberté de parole et de presse, établir un impôt de confiscation, briser tous les contrats passés par l'État, abolir la dette publique et confisquer toutes les propriétés à sa convenance.

Il serait peut-être prudent, pendant que nous avons une majorité sénatoriale sérieuse, de nous prémunir aussi bien contre les entraînements d'une réaction que d'une majorité socialiste, en mettant sous la sauvegarde de la Constitution un certain nombre de principes et en donnant au pouvoir judiciaire réorganisé, une extension d'attributions qui l'en constituât le gardien.

La Constitution devrait déclarer nulle toute loi qui ne serait pas conforme aux principes suivants :

La liberté individuelle, comprenant la liberté des contrats de travail et d'échange ;

La propriété individuelle ;

L'égalité de tous devant la loi ;

L'unité de la loi ;

L'impôt réel et proportionnel.

Au point de vue des attributions de l'État, elle devrait spécifier qu'il a pour objet d'assurer la sécurité intérieure des citoyens et la sécurité extérieure de la nation ; que les contributions publiques ne peuvent être levées que pour les dépenses de gouvernement, d'administration, de justice, de la force publique, de travaux publics, de services ou d'ouvrages qui, non rémunérateurs, ne sauraient être accomplis par des particuliers.

CHAPITRE IV

Action dépressive du socialisme.

I. Si nous nous préoccupons de sauvegarder les droits
individuels, c'est que ce sont eux que visent socialistes et réactionnaires de tout genre. Ce ne sont point
leurs menaces de guerre sociale, de moyens violents,
de crises terribles, de revanches de la Commune qui
sont à redouter. Sans doute, des guerres sociales sont

14.

d'épouvantables accidents dans la vie d'un peuple, des déraillements qui, non seulement font des victimes, mais laissent d'effroyables souvenirs. Il a fallu plusieurs générations pour que la France se remît du cauchemar de la Terreur. Mais enfin ils ne frappent pas un peuple à tout jamais d'impuissance. Ce ne sont pas les bombes des anarchistes qui doivent nous émouvoir : elles font plus de bruit que de mauvaise besogne; car au mois d'août 1892, les 1.615 explosions de dynamite qu'on comptait, dont 1.122 en Europe et 502 en Amérique, n'avaient causé que 21 morts (1). Mais ce qui est grave, c'est la dépression intellectuelle et morale, dont le socialisme frappe tous ceux qu'il atteint. Un peuple chez lequel il deviendrait endémique serait rapidement condamné à l'impuissance et à la mort.

On connait la loi du moindre effort : — produire les mêmes effets avec le plus petit effort possible, — qui joue un si grand rôle en mécanique; qui explique tant de phénomènes physiologiques et psychologiques ; qui est devenue la clef de la linguistique. « Les barbares abrègent tous les mots », avait dit Voltaire, en observant la manière dont ils avaient déformé la langue latine.

Cette loi du moindre effort, Adam Smith l'a dégagée dans la vie économique des peuples, en démontrant que tous les monopoles, prohibitions, règlements destinés à favoriser la production étaient non des moteurs, mais des freins qu'il fallait supprimer. Il a substitué aux rouages compliqués la transmission directe de mouvement. Il a appris, aux

1. *Les Coulisses de l'Anarchie* par Flor O'Squar.

hommes qui malheureusement n'ont pas encore tous profité de son enseignement, que la loi du moindre effort avait été résumée dans la formule française de Gournay : « Laissez faire! » dont le respect assurerait plus de justice à tous.

Les socialistes veulent aussi appliquer la loi du mondre effort. Seulement, ils l'entendent tout autrement.

Aux badauds qui les écoutent, ils disent : — « Ne vous donnez pas de peine, mais criez, clamez, menacez et prenez nous pour vos échos : nous vous promettons de vous apporter, sans que vous ayez d'autres peines que de parler, crier, menacer et peut-être donner, à un moment, quelques coups, ce que les autres ont accumulé par leur travail, leur intelligence et leurs privations. Vous n'avez rien à faire qu'à nous croire et à nous rendre les maîtres. Alors vous ne travaillerez qu'à votre gré, et le patron sera forcé de vous payer, même quand vous n'aurez rien fait. Ce sera la première étape. A la seconde, la Société le remplacera, et comme tout appartiendra à tous, vous serez les maîtres ; et la Société vous obéissant vous donnera la richesse, sans que vous ayez besoin de vous occuper de la produire. Il vous suffira de désirer, vous serez satisfaits. Moïse n'espérait la terre promise qu'après la traversée du désert ; avec nous, vous n'avez ni faim, ni soif à endurer. Allez au cabaret et ne vous occupez pas de l'épargne ; car à quoi bon ? puisque vous gagnerez au centuple, si vous allez déposer dans une urne de temps en temps un morceau de papier portant nos noms et ceux de nos amis.

Voilà tout ce que nous réclamons de vous et, en
échange, nous vous promettons l'aisance, la richesse et
toutes les joies, réservées aux riches. »

En faisant l'apologie de la paresse, M. Pablo Lafargue ne savait probablement pas si bien exprimer le
caractère réel du socialisme.

Les socialistes comprennent la loi du moindre effort
en matière sociale de là manière suivante : *minimun
d'effort économique, maximum d'effort politique.*

Toutes les conceptions socialistes ont pour but de
punir le travail et de récompenser la paresse.

Dès aujourd'hui, ils demandent comme mesures
transitoires :

L'interdiction du travail aux pièces, afin que l'ouvrier indifférent ou lent gagne autant que l'ouvrier
actif et habile;

La limitation des heures de travail, au profit de
l'ouvrier faible et paresseux ;

Un minimum de salaire, de manière à obliger
l'employeur de né pas tenir compte de l'effort et de
rémunérer l'oisiveté à l'égal de la production;

La confiscation de la propriété, par l'impôt ou autres moyens, sur ceux qui l'ont acquise au profit de
ceux qui la désirent ;

Des services municipaux, en attendant des services
nationaux et internationaux, se chargeant de pourvoir
à tous les besoins : des palais, comme la Bourse
du travail; des subventions de toutes sortes; des fonctions joignant l'agréable à l'utile socialiste.

— Il vous suffit de voter, mes amis ! et vous n'aurez
plus rien à faire ! et les riches payeront de gré ou de
force. Chacun a droit au bonheur !

II. La Société devra donc faire le bonheur de tous les ouvreurs de voitures, souteneurs, mendiants, dégénérés, infirmes intellectuels et moraux, incapables de travailler? Sa préoccupation sera l'entretien soigneux des parasites et, sans doute aussi leur reproduction, alors qu'aujourd'hui en s'éliminant eux-mêmes, ils rendent à la société le seul service à leur portée.

D'après non seulement les vrais socialistes, mais les socialistes politiques comme Millerand mais les néo-socialistes comme Tony Révillon, voici une des alternatives fâcheuses dans laquelle se trouvent la Société :

ALPHONSE. — Je veux Adèle.

LA SOCIÉTÉ. — Prends-la.

ALPHONSE. — Elle ne veut pas.

LA SOCIÉTÉ. — C'est fâcheux.

ALPHONSE. — Force-la! Tu dois assurer mon bonheur.

LA SOCIÉTÉ. — Mais si je fais ton bonheur, je fais son malheur. C'est bien embarrassant.

ALPHONSE. — Cela ne me regarde pas. J'ai droit au bonheur. Tous les socialistes l'ont dit. Il me le faut. Débrouille-toi, ou malheur! je vais chercher ma bombe, et je te démolis!

Dans cette société chimérique, le dialogue suivant s'engagerait dès le premier matin :

M. MILLERAND. — Voici une pioche et va remuer de la terre.

LE COMPAGNON. — Je ne veux pas travailler.

MILLERAND. — Tout le monde doit travailler.

LE COMPAGNON. — Et pourquoi? La Société doit me

nourrir, me vêtir, me loger, me chauffer, m'éclairer et faire mon bonheur sans que je m'en occupe. C'est son devoir. L'as-tu dit, Millerand ? J'ai là ton discours d'Abbeville du 15 décembre 1893. Donne-moi un ci- gare et une absinthe.

MILLERAND. — Si tu ne travailles pas, tu n'auras rien.

LE COMPAGNON. — Mais malheur ! alors c'est donc comme sous le régime de l'infâme capital. La So- ciété manque à son devoir. Tu as donc blagué, Mille- rand ! Tu es un renégat. Donne-moi un cigare.

MILLERAND. — Non, prends ta pioche.

LE COMPAGNON. — Ta pioche? ta pioche?je n'en veux pas, je veux « me la couler douce ». Tu ne veux pas me donner un cigare? je vais aller le prendre.

MILLERAND. — Je te le défends. Il faut que tu le gagnes.

LE COMPAGNON. — Que je le gagne, moi? Mais tu es donc un bourgeois? tu parles comme un économiste. Si je me suis mis socialiste, c'est pour que la Société s'occupe de moi. A chacun selon ses besoins! voilà. Je vais prendre mon cigare et un bon.

MILLERAND. — Je te le défends.

LE COMPAGNON. — Et si je ne t'écoute pas?

MILLERAND. — Je te mets en prison.

LE COMPAGNON. — En prison? mais alors qu'est-ce que j'ai gagné à être socialiste, à faire la sociale, à vo- ter pour les socialistes? C'est pis qu'autrefois, car on ne s'était pas avisé de me donner une pioche : j'étais bijoutier.

MILLERAND. — Mais il n'y a plus place, dans la So- ciété socialiste, pour les métiers destinés à alimenter le luxe éhonté des infâmes capitalistes.

LE COMPAGNON.— Ah! mais moi, j'avais compris que si je ne travaillais plus pour cet infâme luxe, j'en jouirais : et au lieu de bagues aux doigts, tu m'offres des ampoules. Merci bien.

MILLERAND. — C'est la règle.

LE COMPAGNON. — Et si je travaille, aurais-je mon cigare et une bouteille de vin ?

MILLERAND. — Ça dépendra du répartiteur.

LE COMPAGNON. — Mais, au moins, autrefois de l'argent que j'avais gagné, je faisais ce que je voulais.

MILLERAND. — Maintenant, il n'y a plus d'argent. Tu as le devoir d'obéir aux ordres que je te donne, au nom de la Société.

LE COMPAGNON.— Ah! c'est comme ça, traître! Renégat! tu nous as trompés! je me doutais bien que tu n'étais qu'un faux socialiste, espèce de bourgeois! Prends donc ma pioche à ma place; moi, je vais prendre mon fusil. Ce n'est pas ça, la vraie Révolution sociale! je vais aller y travailler.

III. — En attendant ce règne du bonheur, ce que les socialistes réclament tous les jours, avec les protectionnistes, du reste, c'est que la puissance, l'énergie, la capacité des meilleurs, soient mises au service des plus déprimés moralement, intellectuellement et physiquement; mais alors, l'État surchargera et écrasera les plus forts au profit des moins forts. Il ne fortifiera pas ces derniers qui, comptant sur lui, au lieu de redoubler d'énergie, s'atrophieront dans leur apathie. Il affaiblira les premiers, et réduira tous les citoyens à une égale impuissance misérable qui en fera la proie

économique, sinon politique, des peuples qui auront
su sauvegarder leurs libertés individuelles.

Non seulement ces rétrogrades, dans leur morpho-
logie sociale, reviennent aux vieilles formes, mais dans
leur physiologie, ils ramèneraient les groupes humains les plus développés aux types primitifs, gros-
siers et impuissants. Car, ce à quoi ils aspirent, c'est
à la subordination des capables aux incapables, de
sorte que, d'après leur plan, les changements, au lieu
de se faire dans le sens de l'évolution, se feraient dans
le sens de la régression et que la lutte pour l'existence aurait pour but le triomphe des impuissants sur
les forts, des parasites sur les producteurs. Le symbole de cette politique, ce serait Prométhée en-
chaîné par les pygmées et mangé par les poux.

IV. — Tandis que l'évolution rend l'individu de
plus en plus indépendant de ses intérêts, le propriétaire de la glèbe, le débiteur de la dette, le contribuable de la contribution, l'actionnaire de l'action, le rentier de son titre au porteur, le capitaliste
du morceau de papier qui représente sa copropriété
l'ouvrier de son travail, le commerçant de sa marchandise, en un mot sépare l'homme de la chose, —
dans la conception socialiste, la chose ressaisit
l'homme et l'absorbe.

Le communisme a existé au début des sociétés ;
donc, les socialistes nous le montrent comme idéal de
l'avenir : et pourquoi pas aussi la hutte du sauvage.
son vêtement de peau, sa hache de pierre, son fétiche,
son tison précaire, et ne pas nous présenter, comme

cuisine de l'avenir la géophagie et l'anthropophagie ?

V. — Supposons que les socialistes arrivent à constituer la nation sur un type plus ou moins rapproché de celui qu'ils tracent, l'expérience universelle nous permet d'affirmer la prévision suivante.

Dans l'état socialiste, tous les individus doivent être coulés dans le même moule, recevoir la même empreinte. Ne savons-nous pas que l'élève des Jésuites est frappé d'un cachet particulier ; que le prêtre défroqué, que l'officier démissionnaire conservent toujours des habitudes d'esprit et de corps qui les font reconnaître ? Dans l'organisation socialiste, point d'individualités ; des numéros passifs.

Voyez deux républiques : la plus individualiste des cités antiques, Athènes, avec Thémistocle, Périclès, Thucydide, Phidias, Xénophon, Platon et Aristote, fils de son territoire ou de son adoption, léguant les chefs-d'œuvre de l'art et de l'intelligence à l'admiration du monde : et à côté, la communiste Sparte, dans laquelle un hoplite ressemble à un hoplite, et dont nous ne connaissons les héros que par les écrivains de sa rivale.

Le progrès ne s'accomplit que par la division du travail, donc par la diversité des aptitudes : là où tous se ressemblent, il y a stagnation. Une société socialiste réussie serait à nos sociétés actuelles, ce qu'est une méduse relativement à un mammifère : une masse homogène, mais inerte.

Dans les civilisations où le travail servile et la contrainte, ont fait place au travail libre, les efforts

15

de l'homme se sont multipliés dans tous les sens ;
les découvertes et les inventions, dues à l'initiative
personnelle, ont mis à sa disposition des forces exté-
rieures, dans des proportions qui ont dépassé toutes
les prévisions ; ont augmenté sa richesse, c'est-à-dire
la possibilité de se procurer le maximum d'utilités
avec le minimum d'efforts dans le minimum de temps.

Que fait le socialisme ? il supprime l'initiative individuelle, il supprime la concurrence, il supprime le
mobile qui a développé à son maximum l'énergie
humaine : il le remplace par l'apathie du travail commandé, par l'atrophie qui résulte de la non-concur-
rence ; et il frappe ceux qu'il touche d'arrêt de développement.

Si l'individu ne doit agir que sur un ordre étranger,
s'il ne doit penser que conformément à une |volonté
extérieure ; s'il a pour l'inciter à l'action non la prime
qui résultera de son effort, mais la crainte d'un châti-
ment ou l'espoir d'une faveur, laissée à l'arbitraire, il
est déprimé, servile, paresseux, indifférent, lâche moralement et physiquement, et impuissant sauf pour le
mal. Les esclaves d'hier, les misérables peuples de
l'Afrique et de l'Orient, nous présentent ces types que
nous retrouvons encore empreints sur certains peuples européens, et sur de nombreux individus, vivant
même dans les milieux les plus développés.

VI. — L'enfant, au moment de sa naissance, suc-
comberait si la mère ne le recueillait, ne le nourrissait, ne le soignait, ne le préservait de tous les dangers qui l'entourent. Plus il est faible, plus il doit
être entouré de soins. On ne le consulte pas sur ce

qui lui convient ou ne lui convient pas ; et tant qu'il ne peut pourvoir à ses besoins, il doit obéir. S'il essaye de se soustraire à cette obéissance, il y est ramené plus ou moins sévèrement. Il ne vit qu'à cette condition de sujétion.

C'est la loi de famille en vertu de laquelle chaque individu doit recevoir des secours en proportion de son incapacité. (1).

Après cette période, il doit recevoir des profits en raison de sa capacité. En un mot ; protection de l'enfant, liberté de l'adulte.

Et à quoi aboutissent toutes les conceptions socialistes ? Sinon à rejeter l'adulte dans la situation de l'enfant, à le faire rétrograder en ce petit être qui ne peut exprimer sa volonté que par ses cris, à le livrer bien emmaillotté afin qu'il soit bien sage, à cette marâtre inconnue, la Société, dont l'existence ne pourrait se révéler que par la tyrannie.

Changer l'homme en bébé, criant à la Société : — maman ! Tel est l'idéal socialiste !

Cette loi de famille, que Cleveland appelait, dans son message, « le paternalisme » c'est celle des pays de l'Orient où l'individu n'existe, ne vit, n'agit, ne possède que par la permission du calife, du sultan, du pacha ; et l'observation, aussi bien que la déduction, nous permet de dire que *tout peuple soumis à la loi de famille est frappé d'impuissance.*

1. V. Herbert Spencer.

CHAPITRE V

Action expansive de l'individualisme.

Socialistes et vitalistes. — Le socialisme et l'hegelianisme. — L'Etat est statique. — Les effets dynamiques sont produits par des individualités ou des minorités. — Pierre le Grand et Napoléon. — L'individu a la responsabilité de sa conservation. — Action de l'homme sur lui-même, sur les autres et sur les choses. — *Toute augmentation de l'action du gouvernement sur l'individu diminue l'action de l'individu sur les choses.* — La justice distributive et la justice commutative. — Leurs effets. — Division du travail. — Diversité des actions individuelles. — *Le socialisme est dépressif, l'individualisme est expansif.*

On sait qu'il n'y a pas trente ans eut encore lieu à l'Académie de médecine une vive et longue discussion entre les vitalistes et les organicistes. Les premiers, en dépit des travaux de Bichat, Schwann, Magendie, Claude Bernard et Wirchow soutenaient que, dans tout être vivant, il y avait quelque chose qu'ils ne définissaient pas, qui ne correspondait à aucun organe, qui était soustrait à toute observation et à toute analyse, mais qui n'en existait pas moins, puisqu'ils lui donnaient un nom, et ce nom était le principe vital.

Les socialistes nous parlent de la Société, existant en dehors des individus, indépendante d'eux, ayant des vertus propres, pouvant donner des droits, du bonheur, de la richesse : ils sont à la sociologie ce que les vitalistes étaient à la physiologie (1).

Le socialisme allemand, qui inspire nos socialistes français, dérive philosophiquement de l'hegelianisme.

Plus logiques qu'Hegel qui se bornait à dire que « l'Etat ou la nation est la substance de l'individu ; que celui-ci n'a pas d'autres droits que ceux qui lui sont conférés par l'Etat ; que la nation représente le droit », ils étendent son panthéisme national à la Société tout entière. Le philosophe qui en arrivait à souhaiter la force d'un dictateur pour amalgamer la vile multitude du peuple allemand était l'homme pratique. Les socialistes, en vertu de l'inconséquence qui les force d'être libéraux en politique, tant qu'ils n'ont pas le pouvoir, sont obligés d'étendre leur vœu de dictature à la « Société » entière, afin de ne pas courir le risque de se voir poser cette question : — « De quoi vous plaignez-vous ? Est-ce que l'Empire allemand n'a pas réalisé la conception de Hegel ? N'a-t-il point fait des lois socialistes ? il n'y a qu'à continuer. »

Hegel, lui-même, dans sa *Philosophie du droit* est obligé de dire que « l'histoire universelle est l'histoire de la liberté, le récit des vicissitudes à travers lesquelles l'esprit acquiert la conscience de la liberté qui est son essence. » Et qu'est-ce que la liberté ? sinon la reprise de l'individu par lui-même sur la masse qui l'absorbait.

Non seulement Hegel arrivait ainsi à constater le

1. V. Duclaux. *Le microbe et la maladie*, p. 116.

15.

caractère antiprogressif de son système : mais comme l'a observé M. Challemel Lacour (1), « toute doctrine philosophique a une physionomie individuelle », d'où je conclus qu'Hegel, contredisant sa théorie par son propre exemple, affirmait, au moment où il niait l'individu, une des plus fortes individualités que l'humanité ait produites.

L'Etat est statique : les effets dynamiques proviennent d'individualités et de minorités. Ce ne sont pas les gouvernements qui ont produit les grandes découvertes ni réalisé les grandes inventions. Presque toujours, ils ont commencé par les nier ou les repousser, quand ils n'en ont pas persécuté les auteurs (2).

Qu'on ne m'objecte pas l'action qu'a eue sur ses peuples un Pierre le Grand qui a essayé de révolutionner la Russie, car que représentait-il ? non, la notion abstraite de l'Etat, mais une puissante individualité qui, placée sur le trône, a essayé de faire marcher son peuple. Il y a quelques exemples semblables dans les gouvernements absolus. Tel Napoléon, rétrograde en France, et révolutionnaire à l'étranger.

Tout individu est chargé de sa conservation sous peine de souffrance et de mort. S'il néglige ce soin, s'il ne sait pas s'adapter au milieu dans lequel il est placé, la sanction est beaucoup plus sensible pour lui que pour tout autre. S'il est plus intéressé à sa conservation et à son développement que n'importe quel étranger, c'est commettre une erreur que de vouloir se substituer à lui.

1. Introd. à *l'Histoire de la philosophie* de Ritter.
2. V. Yves Guyot. *L'inventeur*. Paul Leroy-Beaulieu. *L'Etat moderne*, p. 49.

L'homme se développe de deux manières : par son action sur lui-même, par son action sur les agents extérieurs.

L'homme se développe en agissant sur les agents naturels qui le forment, en fortifiant ses organes par l'entraînement, par un effort méthodique et continu ; et, en sachant tirer le meilleur parti du temps, il agrandit son être de toutes les connaissances qu'il s'assimile et de tout le rayonnement qu'il donne à son action.

L'homme se développe en agissant sur les agents extérieurs : comparez l'Athénien, l'homme le plus moderne des civilisations antiques, sans moulin pour broyer son blé, ignorant de tous les objets qui font notre confort aujourd'hui, avec l'homme du xixᵉ siècle pour qui la vapeur et l'électricité rapetissent l'espace et multiplient le temps ; et vous en arrivez à cette conclusion entrevue par Saint-Simon.

— Le progrès est en raison inverse de l'action coercitive de l'homme sur l'homme et en raison directe de l'action de l'homme sur les choses.

Chaque fois qu'on augmente l'action du gouvernement, expression concrète de ces entités, la Société ou l'État, on se place en contradiction avec cette loi de l'évolution humaine : et en augmentant l'action de l'État sur l'individu, on diminue l'action de l'individu sur les choses.

Aristote avait distingué deux sortes de justice : la justice distributive, la justice commutative.

Quand l'individu ne peut agir par lui-même, quand il est subordonné au pouvoir social, roi, empereur, calife, dictateur, comité de salut public, la justice

distributive prédomine : au contraire, plus l'individu
a d'initiative, plus il est libre d'agir, plus les décisions personnelles de chacun ont d'importance dans
leur vie respective; plus le régime du contrat se
substitue aux injonctions d'autorité, plus la justice
commutative se développe ; et plus chacun sent son
sort, sa destinée, celle des siens, remise entre ses mains,
et se trouve dégagé de l'oppression qui en faisait un
être passif : et non seulement, il éprouve cet agran-
dissement de son être qui l'en constitue le propre
gardien et le propre guide, mais sa volonté et son
intelligence se développent d'autant plus qu'elles sont
plus sollicitées par le sentiment de la responsabilité,
de sorte qu'en devenant son maître, il devient de plus
en plus digne de l'être.

Le progrès a pour conditions essentielles la division
du travail, la diversité des aptitudes, la variété dans
les idées et dans les caractères : et ces conditions
existent d'autant mieux que les individus ont plus de
liberté d'action et d'occasion d'agir.

La coopération des efforts est d'autant mieux assurée que la division du travail est plus nettement
établie.

Plus l'homme se trouve dans des situations variées,
doit agir dans des milieux différents, et plus il se développe.

Le socialisme est dépressif.

L'individualisme est expansif.

CHAPITRE VI

Devoir actuel du gouvernement et des citoyen .

Devoir du gouvernement. — Le droit commun. — Egalité devant la loi. — Action des citoyens. — Le charlatanisme et la justice. — La loi de Buckle.

A l'égard des socialistes, le gouvernement a un devoir : — maintenir la sécurité contre eux quand ils la menacent par des provocations au crime, par la préparation ou la perpétration de crimes ou de délits. C'est le droit commun. Ceux qui sont ainsi frappés ne sont pas frappés au nom d'une orthodoxie sociale, comme des hérétiques, pour leurs opinions; ils sont frappés parce qu'ils sont auteurs ou complices de délits ou de crimes.

Le gouvernement a le devoir de maintenir l'égalité de la loi pour tous et d'exiger son respect de tous.

Quant à nous, citoyens, nous avons un devoir, c'est d'opposer action à action, propagande à propagande, mais non pas procédés à procédés. La science n'a pas vaincu l'astrologie en s'attifant d'un bonnet pointu, ni d'une robe à figures diaboliques et mystérieuses. Nous devons faire nettement la séparation entre la sociologie et le socialisme, et opposer, aux boniments, aux panacées, aux invectives et aux mensonges socialistes, la précision, la netteté et la rectitude de nos démonstrations. Nous devons nous rappeler cette loi de Buckle : « Les progrès du genre humain dépendent du succès des investigations dans les lois des phénomènes et de la diffusion de la connaissance de ces lois. »

Nous devons espérer qu'en nous y conformant, nous empêcherons la régression socialiste de se développer et d'éclater dans une révolution rétrograde qui serait la triste confirmation, en matière sociale, des phénomènes que Darwin a appelés : — « La loi de retour au type des ancêtres. »

APPENDICE

DÉCLARATION DES DROITS DE L'HOMME

26 AOUT — 3 NOVEMBRE 1789.

Les représentants du peuple, constitués en Assemblée nationale, considérant que l'ignorance, l'oubli ou le mépris des droits de l'homme sont les seules causes des malheurs publics et de la corruption des gouvernements, ont résolu d'exposer, dans une Déclaration solennelle, les droits naturels inaliénables et sacrés de l'homme, afin que cette Déclaration constamment présente à tous les membres du corps social, leur rappelle sans cesse leurs droits et leurs devoirs, afin que les actes du pouvoir législatif et ceux du pouvoir exécutif pouvant être à chaque instant comparés avec le but de toute institution politique, en soient plus respectés ; afin que les réclamations des citoyens, fondées désormais sur des principes simples et incontestables, tournent toujours au maintien de la constitution et du bonheur de tous.

En conséquence, l'Assemblée nationale reconnaît et déclare, en présence et sous les auspices de l'Etre Suprême, les droits suivants de l'homme et du citoyen:

1. Les hommes naissent et demeurent libres et égaux en droits. Les distinctions sociales ne peuvent être fondées que sur l'utilité commune.

2. Le but de toute association politique est la conservation des droits naturels et imprescriptibles de l'homme. Ces droits sont la liberté, la propriété, la sûreté et la résistance à l'oppression.

3. Le principe de toute souveraineté réside essentiellement dans la nation. Nul corps, nul individu ne peut exercer d'autorité qui n'en émane expressément.

4. La liberté consiste à pouvoir faire tout ce qui ne nuit pas à autrui : aussi l'exercice des droits naturels de chaque homme n'a de bornes que celles qui assurent aux autres membres de la société la jouissance de ces mêmes droits. Ces bornes ne peuvent être déterminées que par la loi.

5. La loi n'a le droit de défendre que les actions nuisibles à la société. Tout ce qui n'est pas défendu par la loi ne peut être empêché, et nul ne peut être contraint à faire ce qu'elle n'ordonne pas.

6. La loi est l'expression de la volonté générale. Tous les citoyens ont le droit de concourir, personnellement, ou par leurs représentants, à sa formation. Elle doit être la même pour tous, soit qu'elle protège, soit qu'elle punisse. Tous les citoyens étant égaux à ses yeux, sont également admissibles à toutes dignités, places et emplois publics, selon leur capacité, et sans autre distinction que celle de leurs vertus et leurs talents.

7. Nul homme ne peut être accusé, arrêté ni détenu, que dans les cas déterminés par la loi et selon les formes qu'elle a prescrites. Ceux qui sollicitent, expédient, exécutent ou font exécuter des ordres arbitraires, doivent être punis ; mais tout citoyen appelé ou saisi en vertu de la loi, doit obéir à l'instant ; il se rend coupable par la résistance.

8. La loi ne doit établir que des peines strictement nécessaires, et nul ne peut être puni qu'en vertu d'une loi établie et promulguée antérieurement au délit, et légalement appliquée.

9. Tout homme étant présumé innocent jusqu'à ce qu'il ait été déclaré coupable, s'il est jugé indispensable de l'arrêter, toute rigueur qui ne serait pas nécessaire pour s'assurer de sa personne doit être sévèrement réprimée par la loi.

10. Nul ne doit être inquiété pour ses opinions, même religieuses, pourvu que leur manifestation ne trouble pas l'ordre public établi par la loi.

11. La libre communication des pensées et des opinions est un des droits les plus précieux de l'homme. Tout citoyen peut donc parler, écrire, imprimer librement, sauf à répondre de l'abus de cette liberté dans les cas déterminés par la loi.

12. La garantie des droits de l'homme et du citoyen nécessite une force publique. Cette force est donc instituée pour l'avantage de tous, et non pour l'utilité particulière de ceux auxquels elle est confiée.

13. Pour l'entretien de la force publique, et pour les dépenses d'administration, une contribution commune est indispensable ; elle doit être également répartie entre tous les citoyens en raison de leurs facultés.

14. Tous les citoyens ont le droit de constater par eux-mêmes ou par leurs représentants la nécessité de la contribution publique, de la consentir librement, d'en suivre l'emploi et d'en déterminer la quotité, l'assiette, le recouvrement et la durée.

15. La société a le droit de demander compte à tout agent public de son administration.

16. Toute société dans laquelle la garantie des droits n'est pas assurée, ni la séparation des pouvoirs déterminée, n'a point de constitution.

16

17. La propriété étant un droit inviolable et sacré, nu ne peut en être privé, si ce n'est lorsque la nécessité publique, légalement constatée, l'exige évidemment, et sou la condition d'une juste et préalable indemnité.

———

Constitution.

3 — 13 SEPTEMBRE 1791.

L'Assemblée nationale, voulant établir la Constitution française sur les principes qu'elle vient de reconnaître et de déclarer, abolit irrévocablement les institutions qui blessaient la liberté et l'égalité des droits.

Il n'y a plus ni noblesse, ni pairie, ni distinction héréditaire, ni distinction d'ordres, ni régime féodal, ni justices patrimoniales, ni aucun des titres, dénominations et prérogatives qui en dérivaient, ni aucun ordre de chevalerie, ni aucune des corporations ou décorations pour lesquelles on exigeait des preuves de noblesse, ou qui supposaient des distinctions de naissance, ni aucune autre supériorité que celle des fonctionnaires publics dans l'exercice de leurs fonctions.

Il n'y a plus ni vénalité ni hérédité d'aucun office public.

Il n'y a plus pour aucune partie de la nation, ni pour aucun individu, aucun privilège ni exception au droit commun de tous les Français.

Il n'y a plus ni jurandes, ni corporations de professions, arts et métiers.

La loi ne reconnaît plus ni vœux religieux, ni aucun autre engagement qui serait contraire aux droits naturels ou à la constitution.

TITRE Iᵉʳ. — DISPOSITIONS FONDAMENTALES GARANTIES PAR LA CONSTITUTION.

La Constitution garantit, comme droits naturels et civils :

1° Que tous les citoyens sont admissibles aux places et emplois, sans autre distinction que celle des vertus et des talents ;

2° Que toutes les contributions seront réparties entre tous les citoyens également en proportion de leurs facultés ;

3° Que les mêmes délits seront punis des mêmes peines, sans aucune distinction des personnes.

La Constitution garantit, pareillement, comme droits naturels et civils:

La liberté à tout homme d'aller, de rester, de partir sans pouvoir être arrêté, ni détenu que selon les formes déterminées par la Constitution ;

La liberté à tout homme de parler, d'écrire, d'imprimer et publier ses pensées, sans que ses écrits puissent être soumis à aucune censure ni inspection avant leur publication, et d'exercer le culte religieux auquel il est attaché;

La liberté aux citoyens de s'assembler paisiblement et sans armes, en satisfaisant aux lois de police.

La liberté d'adresser aux autorités constituées des pétitions signées individuellement.

Le pouvoir législatif ne pourra faire aucune loi qui porte atteinte et mette obstacle à l'exercice des droits naturels et civils consignés dans le présent titre, et garantis par la Constitution; mais comme la liberté ne consiste qu'à pouvoir faire tout ce qui ne nuit ni aux droits d'autrui, ni à la sûreté publique, la loi peut établir des peines contre les actes qui, attaquant ou la sûreté publique ou les droits d'autrui, seraient nuisibles à la société.

La Constitution garantit l'inviolabilité des propriétés, ou la juste et préalable indemnité de celles dont la nécessité publique, légalement constatée, exigerait le sacrifice.

Les biens destinés aux dépenses du culte et à tous services d'utilité publique, appartiennent à la nation, et sont dans tous les temps à sa disposition.

La Constitution garantit les aliénations qui ont été ou qui seront faites suivant les formes établies par la loi.

Les citoyens ont le droit d'élire ou choisir les ministres de leurs cultes.

Il sera créé et organisé un établissement général de secours publics, pour élever les enfants abandonnés, soulager les pauvres infirmes, et fournir le travail aux pauvres valides qui n'auraient pas pu s'en procurer.

Il sera créé et organisé une instruction publique, commune à tous les citoyens, gratuite à l'égard des parties d'enseignement indispensables pour tous les hommes, et dont les établissements seront distribués graduellement, dans un rapport combiné avec la division du royaume.

Il sera établi des fêtes nationales pour conserver le souvenir de la Révolution française, entretenir la fraternité entre les citoyens, et les attacher à la Constitution, à la Patrie et aux Lois.

Il sera fait un code des lois civiles communes à tout le royaume.

TABLE DES MATIÈRES

CHAPITRE XXV

MOYENS ÉCONOMIQUES

CHAPITRE XXVI

LA POLITIQUE SOCIALISTE

CHAPITRE XXVII

LA FORCE DANS LE PASSÉ ET DANS L'AVENIR

LIVRE IV. — L'Individualisme et le Socialisme.

CHAPITRE PREMIER

LE CONTRAT SOCIAL ET L'INDIVIDU

CHAPITRE II

LES CONSTITUTIONS ET LES FONCTIONS DE L'ÉTAT

CHAPITRE VI

DEVOIR ACTUEL DU GOUVERNEMENT ET DES CITOYENS

APPENDICE

IMP. NOIZETTE, 8, RUE CAMPAGNE-PREMIÈRE, PARIS

www.ingramcontent.com/pod-product-compliance
Lightning Source LLC
Chambersburg PA
CBHW070735270326
41927CB00010B/2001